Conheça outros títulos da Coleção *Auto-estima*

A arte da prudência, de Baltasar Gracián

A cura através da terapia de vidas passadas, de Brian Weiss

Uma ética para o novo milênio, de Dalai-Lama

A arte da meditação, de Daniel Goleman, Ph.D.

A essencial arte de parar, de David Kundtz

Praticando o Poder do Agora, de Eckhart Tolle

Histórias para aquecer o coração dos pais, de Jack Canfield, Mark V. Hansen, Jeff Aubery e Mark & Chrissy Donnelly

Histórias para aquecer o coração dos adolescentes, de Jack Canfield, Mark V. Hansen e Kimberly Kirberger

Conversando com os espíritos, de James Van Praagh

Espiritualidade, de Leonardo Boff

Cultivando a saúde do corpo e da mente, *Meditações para a manhã e para a noite* e *O poder das afirmações positivas*, de Louise Hay

Lições sobre amar e viver, de Morrie Schwartz

Aprendendo a conviver com quem se ama, de Neale Donald Walsch

Faça o seu coração vibrar, de Osho

Descobrindo a alegria de viver, de Salle M. Redfield

A arte de viver, de Sharon Lebell

Pequenos milagres, de Yitta Halberstam e Judith Leventhal

Sua Santidade, O DALAI-LAMA

365 MENSAGENS DE SABEDORIA E COMPAIXÃO

SEXTANTE

Título original: *The Path to Tranquility*

Publicado em acordo com a Penguin Books India.

tradução
Maria Luiza Newlands

preparo de originais
Tomás da Veiga Pereira

revisão
Luis Américo Costa
Sérgio Bellinello Soares
Tereza da Rocha

projeto gráfico e diagramação
Valéria Teixeira

capa original
Victor Burton

adaptação da capa
Miriam Lerner

pré-impressão
ô de casa

impressão e acabamento
Cromosete Gráfica e Editora Ltda.

CIP-BRASIL. CATALOGAÇÃO-NA-FONTE
SINDICATO NACIONAL DOS EDITORES DE LIVROS, RJ

D138t Dalai-Lama, 1935-
365 mensagens de sabedoria e compaixão / Sua Santidade, O Dalai-Lama; compilação de Renuka Singh; tradução de Maria Luiza Newlands. – Rio de Janeiro: Sextante, 2007.

Tradução de: The path to tranquility

ISBN 978-85-7542-283-0

1. Devoções diárias – Budismo. 2. Meditações budistas. I. Singh, Renuka. II. Título.

07-0753 CDD 294.3923
CDU 294.3

GMT Editores Ltda.
Rua Voluntários da Pátria, 45 – Gr. 1.404 – Botafogo
22270-000 – Rio de Janeiro – RJ
Tel.: (21) 2286-9944 – Fax: (21) 2286-9244
E-mail: atendimento@esextante.com.br
www.sextante.com.br

PREFÁCIO

Todos nós, seres humanos, queremos ser felizes e evitar os sofrimentos. De acordo com a minha limitada experiência, se quisermos conseguir isso, é de grande valia a capacidade de cultivar e manter um estado de espírito positivo. Segundo a tradição budista a que pertenço, um dos meios mais eficazes de fazê-lo é praticando a meditação. Embora a meditação possa algumas vezes significar sentar-se em uma determinada posição especial e silenciar a mente, pode também envolver a familiarização constante com pensamentos positivos. É por isso que temos o hábito de ler e recitar os textos dos livros sagrados e das orações.

No correr de muitos anos, uma obra curta chamada *Oito poemas para treinar a mente* tem sido para mim uma grande fonte de inspiração. Contém muitos conselhos úteis, recomendando sempre considerar os outros mais importantes do que nós, enfrentar e lutar contra as emoções perturbadoras que põem em risco a nossa paz de espírito, abrir mão em prol dos outros de todos os benefícios que surgirem e assumir pessoalmente quaisquer dificuldades que ocorrerem.

Este livro inclui citações cotidianas selecionadas de meus próprios escritos e de trabalhos de minha autoria já publicados. Com toda a humildade, rezo para que os leitores possam encontrar nestas palavras alguma inspiração para desenvolver aquela generosa paz de espírito que é a chave da felicidade duradoura.

Sua Santidade, o Dalai-Lama
26 de fevereiro de 1998

NOTA DO ORGANIZADOR

Este livro é uma compilação de pensamentos diários de Sua Santidade, o Dalai-Lama. Também é parte da contribuição de Sua Santidade para a preservação da antiga sabedoria cultural indiana. A idéia do livro partiu da minha editora, e Sua Santidade deu sua aprovação e sua bênção. Comecei de imediato a trabalhar nele no início do ano 2000.

Tenho pleno conhecimento do critério de seleção que foi utilizado aqui. As citações foram escolhidas por mim dentre os escritos, ensinamentos e eventuais entrevistas do Dalai-Lama. Espero que possam refletir de maneira adequada as preocupações seculares e espirituais de Sua Santidade e ainda difundir sua mensagem de responsabilidade, compaixão e paz universais.

É minha intenção, através dessas citações, partilhar com o público leigo e com os estudantes do darma as diferentes perspectivas e possibilidades que se abriram diante de mim e, além disso, o núcleo aparentemente simples mas inegavelmente complexo dos pensamentos fundamentais de Sua Santidade. Todavia, precisamos ter em mente que palavras como "escutar", "dar", "pensar", "meditar", etc. são processuais e devem ser entendidas dentro do contexto da prática budista de cultivar a bodicita – a aspiração de atingir a iluminação para o benefício de todos.

No prefácio, Sua Santidade muito oportunamente menciona os *Oito poemas para treinar a mente*. Baseado em minha própria experiência, também posso assegurar a sua infalível utilidade e gostaria de transcrevê-los aqui:

Considerando todos os seres sensíveis
Superiores até à pedra preciosa que concede desejos,
Que eu sempre os preze mais que tudo
Para atingir a meta mais alta.

Quando em companhia dos outros,
Sempre verei a mim mesmo como o menor de todos
E, do fundo do meu coração,
Todos me serão caros e estarão acima de tudo.

Vigilante, no momento em que surgir uma ilusão
Perigosa para mim e para os outros,
Eu a enfrentarei e a afastarei do caminho
Sem demora.

Quando encontrar pessoas de má índole,
Dominadas por atitudes violentas, negativas, e por sofrimentos,
Serão as que prezarei como raras,
Como se encontrasse um tesouro precioso.

Quando as pessoas, por inveja, me maltratarem,
Insultarem ou outras coisas assim,
Aceitarei a derrota
E oferecerei a vitória aos outros.

Quando alguém a quem fiz bem
E de quem muito esperei
Causar-me um mal indizível,
Verei nele meu companheiro espiritual.

Em suma, direta e indiretamente, ofereço
Todo o bem e felicidade a todos os seres sensíveis,
Minhas mães;
Que eu assuma em segredo a responsabilidade por
Todas as suas ações nocivas e sofrimentos.

Que eles não sejam maculados pelas noções
Das oito questões impuras.
E, conscientes de que todas as coisas são ilusórias,
Que possam, desimpedidos, livrar-se da servidão.

Sou profundamente grato a meu amigo e mestre Sua Santidade Tenzin Gyatso, o décimo quarto Dalai-Lama, por seu apoio e suas bênçãos a este projeto. Por toda a sua colaboração e paciência, Tenzin Geyche Tethong merece um agradecimento especial. Também devo agradecimentos a Lhakdor, por sua presteza em pôr à minha disposição o material ainda não publicado de autoria de Sua Santidade, além de suas próprias valiosas sugestões.

Estendo minha gratidão a Linda e Ashok Jhalani, Antonella e Naresh Mathur e Alison Ramsey, por ratificarem algumas de minhas escolhas na seleção de material para este livro. Também a Prama e Ranji Bhandari, por seu apoio moral, e a Sunita Kakaria, por cuidar de mim em McLeod Ganj.

Gostaria também de agradecer a ajuda prestada por V. K. Karthika e Sudeshna Shome Ghosh, da editora Penguin, que trabalharam cuidadosamente comigo neste projeto. No último momento, o apoio financeiro vindo de Derek Goh para obter a permissão para a publicação das citações selecionadas veio como uma verdadeira surpresa. Sou muito grato a ele por não deixar o projeto fracassar.

Finalmente, agradeço aos membros de minha família, Pritam Singh, Jyioti e Paul, Ashma e Tsagaadai, Sumeet e Supriti, por seu apoio, que me permitiu dedicar tanto tempo ao meu trabalho.

Esta obra é dedicada a todos os seres sensíveis, desejando-lhes bem-estar e felicidade.

RENUKA SINGH
Abril de 1998

JANEIRO

Janeiro 1

Gostaria de, em nome dos tibetanos, expatriados ou não, agradecer sinceramente aos nossos seguidores e amigos. Estamos atravessando um período de imensos sacrifícios e sofrimentos nunca antes experimentados pelo nosso povo. O carinho, o apoio e a ajuda que as pessoas de todo o mundo e, em especial, da Índia nos têm concedido serão para sempre lembrados e farão parte do registro de nossa história.

Janeiro 2

Que eu me torne em todos os momentos, agora e sempre,
um protetor para os desprotegidos,
um guia para os que perderam o rumo,
um navio para os que têm oceanos a cruzar,
uma ponte para os que têm rios a atravessar,
um santuário para os que estão em perigo,
uma lâmpada para os que não têm luz,
um refúgio para os que não têm abrigo
e um servidor para todos os necessitados.

Janeiro 3

Se você quer transformar o mundo, experimente primeiro promover o seu aperfeiçoamento pessoal e realizar inovações no seu próprio interior. Essas atitudes se refletirão em mudanças positivas no seu ambiente familiar. Desse ponto em diante, as mudanças se expandirão em proporções cada vez maiores. Tudo o que fazemos produz efeito, causa algum impacto.

Janeiro 4

A tarefa do homem é ajudar os outros. Esse é o meu ensinamento mais constante, essa é a minha mensagem. É a minha crença. Para mim, a questão fundamental é estabelecer melhores relacionamentos – sobretudo entre as pessoas – e de que forma podemos contribuir para isso.

Janeiro 5

O exílio, de alguma forma, serviu-me de ajuda. Quando, em determinado momento de nossas vidas, passamos por uma tragédia de verdade – o que pode acontecer com todos nós –, podemos reagir de duas maneiras diferentes. Evidentemente, uma delas é perdermos as esperanças ou nos entregarmos ao álcool, às drogas ou a uma tristeza interminável. A outra alternativa é o despertar de nós mesmos, é descobrir uma energia que estava escondida e passar a agir com mais lucidez e mais força.

Janeiro 6

Uma grande questão sublinha a nossa experiência, quer a examinemos conscientemente ou não: qual é o propósito da vida? Desde o seu nascimento, todo ser humano almeja a felicidade e foge do sofrimento. Não existem condições sociais, níveis de educação ou ideologias que alterem esse fato. Do fundo de nosso ser, simplesmente desejamos ter contentamento. Portanto, é importante descobrir o que nos pode trazer o mais alto grau de felicidade.

Janeiro 7

Se existe amor, há também esperança de existirem verdadeiras famílias, verdadeira fraternidade, verdadeira igualdade e verdadeira paz. Se não há mais amor dentro de você, se você continua a ver os outros como inimigos, não importa o conhecimento ou o nível de instrução que você tenha, não importa o progresso material que alcance, só haverá sofrimento e confusão no cômputo final. O homem vai continuar enganando e subjugando outros homens, mas insultar ou maltratar os outros é algo sem propósito. O fundamento de toda prática espiritual é o amor. Que vocês o pratiquem bem é o meu único pedido.

Janeiro 8

Determinação, coragem e autoconfiança são fatores decisivos para o sucesso. Não importa quais sejam os obstáculos e as dificuldades. Se estamos possuídos de uma inabalável determinação, conseguiremos superá-los. Independentemente das circunstâncias, devemos ser sempre humildes, recatados e despidos de orgulho.

Janeiro 9

Seria muito mais produtivo se as pessoas procurassem compreender seus pretensos inimigos. Aprender a perdoar é muito mais proveitoso do que simplesmente pegar uma pedra e arremessá-la contra o objeto de sua ira. Quanto maior a provocação, maior a vantagem do perdão. É quando padecemos os piores infortúnios que surgem as grandes oportunidades de fazer o bem, a nós mesmos e aos outros.

Janeiro 10

Quando se trata de uma pessoa como eu, a prática da compaixão e da religião coincidem, mas outra pessoa que não pertença a nenhuma religião pode também praticar a espiritualidade. Assim, um leigo pode ter sentimento religioso. A prática da compaixão, por sua vez, é moralmente obrigatória a todos, e, se eu fosse um ditador, determinaria que todos a praticassem.

Janeiro 11

A religião, a ideologia, a economia e os sistemas políticos são todos criações do homem. Sendo assim, precisam estar relacionados com os sentimentos humanos e com o espírito humano. Quando são praticados com sentimentos humanos, são capazes de satisfazer algumas aspirações humanas fundamentais. As diversas religiões e ideologias existem em função da humanidade, não da desumanidade.

Janeiro 12

A agressão é uma tendência que faz parte do nosso íntimo. Por isso, temos de lutar contra nós mesmos. Homens criados em ambientes rigorosamente não violentos acabaram se transformando nos mais horríveis carniceiros. O que prova que a semente da mais insana agressividade mora nas profundezas de cada um de nós. Mas nossa verdadeira natureza é de modo geral pacífica. Todos nós conhecemos as agitações da alma humana, que está sujeita a imprevistos assustadores. Mas essa não é a sua força dominante. É possível e é necessário dominar a agressividade.

Janeiro 13

O desenvolvimento mental humano ainda não está completo. Mesmo no sentido mais comum, ainda há muitas coisas a explorar em nosso interior. Isso nada tem a ver com ideologia religiosa, e sim com a espiritualidade em si. Parte da capacidade do cérebro só pode ser integralmente utilizada por meio da meditação profunda. Desse ponto de vista, portanto, o ser humano ainda é bastante imperfeito.

Janeiro 14

O que mais nos incomoda é ver os nossos sonhos frustrados. Mas permanecer no desânimo não ajuda em nada a concretização desses sonhos. Se ficamos assim, nem vamos em busca dos nossos sonhos nem recuperamos o bom humor! Esse estado de confusão, propício ao crescimento da ira, é muito perigoso. Temos de nos esforçar e não permitir que a nossa serenidade seja perturbada. Quer estejamos vivenciando um grande sofrimento ou já o tenhamos experimentado, não há razão para alimentarmos o sentimento de infelicidade.

Janeiro 15

É muito importante que o homem tenha ideais. Sem eles, não se vai a parte alguma. No entanto, é irrelevante alcançá-los ou não. É apenas necessário mantê-los vivos e procurar atingi-los.

Janeiro 16

Sempre me senti feliz por ter vindo de uma família humilde de camponeses. Deixei meu povoado ainda muito jovem, mas, anos depois, quando voltava da China, fiz uma rápida visita a Taktser e não pude deixar de sentir orgulho quando vi meu povoado e minha casa. Sempre achei que, se tivesse nascido em uma família rica ou aristocrática, não teria sido capaz de entrar em sintonia com os sentimentos e emoções dos tibetanos das classes mais humildes. Mas, graças à minha origem inferior, posso compreendê-los, ler suas mentes, o que gera em mim extrema solidariedade e afeto por eles e faz com que eu tente ao máximo melhorar sua sorte nesta vida.

Janeiro 17

A felicidade é um estado de espírito. Se a sua mente ainda estiver num estado de confusão e agitação, os bens materiais não vão lhe proporcionar felicidade. Felicidade significa paz de espírito.

Janeiro 18

Se uma pessoa tem realmente um profundo interesse em crescer espiritualmente, a prática da meditação é imprescindível, é a chave para isso. Somente orações ou o simples desejo não influenciam de modo significativo a mudança espiritual interior. A única forma de desenvolvimento é um esforço constante através da meditação. É claro que, no início, isso não é fácil. Encontram-se dificuldades inesperadas, às vezes há perda de entusiasmo. Ou talvez o entusiasmo inicial seja excessivo e diminua progressivamente com o passar das semanas ou dos meses. É preciso elaborar uma abordagem persistente, constante, baseada em um compromisso de longo prazo.

Janeiro 19

Seja em lugares remotos ou em cidades populosas, todos trabalhamos e lutamos pelo mesmo objetivo fundamental. Enquanto o fazemos, não podemos esquecer que é importante seguir um método correto para atingir nosso objetivo – pois o método é o que importa.

Janeiro 20

A atmosfera em que uma criança vive o seu dia-a-dia e que é percebida por ela é um dos elementos mais importantes para determinar se a sua vida será bem-sucedida. Em uma família em que existe amor e compaixão, as crianças serão adultos mais felizes e realizados. Sem amor, toda a sua vida futura corre o risco de ser estragada, arruinada. O afeto tem, portanto, uma influência decisiva no desenvolvimento das crianças.

Janeiro 21

Quando refletimos que tudo aquilo que vivenciamos resulta de uma complexa interação de causas e condições, descobrimos que não há uma só coisa a desejar ou de que se lamentar e que, além disso, a raiva e a fixação não surgem tão facilmente. Dessa forma, a percepção da interdependência torna nossas mentes mais descontraídas e abertas.

Janeiro 22

Sentir compaixão não é o bastante. É preciso agir. A ação pressupõe dois momentos: o primeiro é quando vencemos as distorções e aflições de nossa própria mente, aplacando ou até mesmo nos livrando da raiva. Esse momento é fruto da compaixão. O segundo é de caráter social, de âmbito público. Quando alguma atitude precisa ser tomada para corrigir erros neste mundo e a pessoa está sinceramente preocupada com seus semelhantes, então tem de se engajar, se envolver.

Janeiro 23

Para desenvolver uma devoção genuína, você precisa saber o significado dos ensinamentos. O ponto principal do budismo é a transformação da mente, e essa transformação depende da meditação. Para meditar corretamente, você precisa adquirir conhecimentos. As comunidades, igualmente, precisam ser aprimoradas socialmente por meio do conhecimento.

Janeiro 24

Quando estiver praticando a caridade, faça-o com alegria e com um semblante radiante. Devemos praticar a caridade com um sorriso no rosto e otimismo no coração.

Janeiro 25

Uma árvore em flor fica despida e despojada de suas folhas no outono. A beleza transforma-se em feiúra, a juventude transforma-se em velhice e os erros, em virtude. As coisas não permanecem sempre as mesmas e nada existe realmente. Portanto, as aparências e o vazio existem de forma simultânea.

Janeiro 26

Quando a sua ajuda aos semelhantes é fruto de motivação e preocupação sinceras, isso lhe traz sorte, amigos, alegrias e sucesso. Se você desrespeita os direitos dos outros e se descuida do bem-estar alheio, acabará imensamente solitário.

Janeiro 27

Dificilmente podemos dizer que um mendigo seja um obstáculo à generosidade.

Janeiro 28

Em primeiro lugar, temos de ajudar. Depois, podemos debater as causas de qualquer tragédia. Há um ditado indiano que diz: "Se você foi atingido por uma flecha envenenada, primeiro deve arrancá-la de seu corpo." Não há tempo para perguntar quem a disparou, que tipo de veneno é aquele, e assim por diante. Portanto, antes de mais nada, lide com o problema imediato e depois investigue a respeito. Da mesma forma, quando nos deparamos com o sofrimento humano, é mais importante agir com compaixão do que questionar a posição política daqueles a quem estamos ajudando.

Janeiro 29

Faça de seu corpo e de seu espírito um laboratório de experiências. Empenhe-se em uma pesquisa profunda a respeito de seu próprio funcionamento espiritual e examine as possibilidades de fazer mudanças positivas no seu interior.

Janeiro 30

A religião envolve a prática de métodos e maneiras de agir que levam à serenidade, à disciplina, ao despojamento alegre e ao autocontrole. Deveria ser observado que, em geral, o corpo, a fala e a mente desatentos estão na origem de todas as situações danosas e antiéticas. Conseqüentemente, é natural pressupormos que a pacificação, o treinamento e a submissão das atividades físicas, mentais e verbais sejam de fundamental importância. Em suma, antes de mais nada, é essencial corrigir, anular e pôr fim a todo tipo de conduta e pensamentos impróprios.

Janeiro 31

Nosso propósito não deve ser prejudicado pelas oito preocupações mundanas: ganho ou perda, prazer ou dor, elogio ou crítica e fama ou infâmia.

FEVEREIRO

Fevereiro 1

É através da arte de escutar que seu espírito se enche de fé e devoção e que você se torna capaz de cultivar a alegria interior e o equilíbrio da mente. A arte de escutar lhe permite alcançar sabedoria, superando toda ignorância. Então, é vantajoso dedicar-se a ela, mesmo que isso lhe custe a vida. A arte de escutar é como uma luz que dissipa a escuridão da ignorância. Se você é capaz de manter sua mente constantemente rica através da arte de escutar, não tem o que temer. Esse tipo de riqueza jamais lhe será tomado. Essa é a maior das riquezas.

Fevereiro 2

A mente pode e deve transformar-se para melhor. Pode livrar-se das impurezas que a contaminam e elevar-se ao nível mais elevado. Todos começamos com as mesmas aptidões, mas algumas pessoas as desenvolvem, outras não. Nós nos acostumamos com facilidade à preguiça da mente, sobretudo porque muitas vezes essa preguiça se esconde sob a aparência de atividade: corremos de um lado para outro, fazemos cálculos e damos telefonemas. No entanto, tudo isso ocupa apenas os níveis mais toscos e elementares da mente. E oculta o que existe de essencial em nós.

Fevereiro 3

No que se refere à prática budista existem três estágios ou passos. O estágio inicial é diminuir o apego à vida. O segundo estágio é a eliminação do desejo e o apego ao samsara. No terceiro estágio, o apego a si mesmo é eliminado. Como resultado de uma prática rigorosa, acredito que, então, exista uma possibilidade de cessação, ou seja, de nirvana.

Fevereiro 4

Uma das coisas que aprendemos com a meditação, quando descemos lentamente dentro de nós mesmos, é que a noção de paz já existe em nós. Todos a desejamos profundamente, mesmo que esse desejo esteja muitas vezes oculto, disfarçado, distorcido. Se examinarmos a natureza humana com cuidado, veremos que é boa, bem-intencionada, solícita. E parece-me que hoje em dia o espírito de harmonia está aumentando, que nosso desejo de vivermos unidos e com tranqüilidade está ficando cada vez mais forte, cada vez mais difundido.

Fevereiro 5

Para descobrir a nossa verdadeira natureza interior, acredito que de vez em quando deveríamos reservar algum tempo para, em silêncio e com tranqüilidade, interiorizar nossos pensamentos e investigar melhor nosso mundo íntimo. Isso pode ajudar. E, também, em outras ocasiões, quando estivermos muito envolvidos em raivas ou fixações negativas, se houver tempo ou possibilidade naquele exato momento, devemos tentar olhar para dentro de nós mesmos e indagar: “O que é uma fixação? Qual a natureza da raiva?”

Fevereiro 6

O sofrimento aumenta nossa força interior. Além disso, o desejo de sofrimento faz o próprio sofrimento desaparecer.

Fevereiro 7

A preguiça interrompe o progresso de nossa prática espiritual. Podemos ser ludibriados por três formas de preguiça: a que se manifesta como indolência, que é o desejo de adiar; a que se manifesta como sentimento de inferioridade, que é duvidar da própria capacidade; e a que se manifesta pela adoção de atitudes negativas, que é dedicar um esforço excessivo àquilo que não é virtude.

Fevereiro 8

Uma criança precisa crescer de modo a transformar-se em um jovem bem-proporcionado, mas esse crescimento leva tempo. Não acontece da noite para o dia. Da mesma forma, a transformação e o aperfeiçoamento da mente também levam tempo. Hoje em dia há lugares em que se promove o crescimento acelerado de animais como porcos, aves e bovinos por meio de certo tipo de injeções. Depois, esses animais são mortos e consumidos. É uma prática negativa que também afeta de certo modo o ser humano. Quando falamos de prática espiritual, é igualmente impossível injetar certas qualidades na mente para obter sua transformação imediata.

Fevereiro 9

Enquanto você não for de fato um iluminado, haverá sempre um obstáculo oculto ao conhecimento impedindo que sua tarefa de ajudar os outros se torne completa.

Fevereiro 10

Se a pessoa tem uma base espiritual estável, não se deixará dominar pela sedução da tecnologia ou pela insanidade que é o desejo desenfreado de possuir bens materiais. Essa pessoa saberá encontrar o equilíbrio não querendo demais e dando valor ao que já tem: "Tenho esta filmadora, é o bastante, não preciso de outra." É um perigo constante abrir a porta para a ganância, um de nossos inimigos mais incansáveis. É aí que se deve pôr em prática o verdadeiro trabalho da mente.

Fevereiro 11

Quando conseguimos criar um ambiente espiritual através de rituais e obediência a certas regras, esses procedimentos têm um poderoso efeito sobre nossas vidas. Se nos falta a dimensão interior necessária para a desejada experiência espiritual, então os ritos tornam-se meras formalidades, artifícios externos. Perdem o sentido e transformam-se claramente em hábitos dispensáveis, servindo apenas como passatempo.

Fevereiro 12

Creio que há uma importante distinção a ser feita entre religião e espiritualidade. Julgo que a religião esteja relacionada aos ensinamentos ou dogmas religiosos, rituais, orações e assim por diante. Considero que a espiritualidade esteja relacionada com aquelas qualidades do espírito humano – tais como amor e compaixão, paciência, tolerância, capacidade de perdoar, contentamento, noção de responsabilidade, noção de harmonia – que trazem felicidade tanto para a própria pessoa quanto para os outros. É por isso que às vezes digo que talvez se possa dispensar a religião. O que não se pode dispensar são essas qualidades espirituais básicas.

Fevereiro 13

Se todos os dias nos analisarmos com cuidado e atenção, verificando nossos pensamentos, nossas motivações e suas manifestações no comportamento externo, abriremos em nosso íntimo uma boa possibilidade de fazer mudanças e efetuar um aprimoramento pessoal. Embora eu próprio não possa afirmar com toda a confiança que tenha feito algum progresso notável no decorrer dos anos, meu desejo e minha determinação de mudar e melhorar são sempre firmes. Desde o momento em que acordo até a hora de dormir, e em todas as situações da minha vida, sempre tento analisar minhas motivações e ser meticuloso e atento a cada instante. Pessoalmente, acho que isso é de grande utilidade para a minha vida.

Fevereiro 14

Comprometer-se com atividades virtuosas é um pouco como criar uma criança pequena. Há uma grande quantidade de fatores envolvidos. E, principalmente no começo, precisamos ser prudentes e habilidosos em nossas tentativas para transformar nossos hábitos e temperamentos. Também temos de ser realistas a respeito daquilo que esperamos conseguir. Levou muito tempo para ficarmos do jeito que somos e não se mudam hábitos do dia para a noite. É bom olhar para cima à medida que se progride, mas é um engano julgar nosso comportamento utilizando o ideal como padrão. Por isso é muito mais eficaz, em vez de alternar breves rompantes de esforço heróico com períodos de relaxamento, trabalhar com constância, como um rio fluindo em direção a um objetivo de transformação.

Fevereiro 15

A prática da paciência traz uma estabilidade emocional que não só nos faz mais fortes mental e espiritualmente como mais saudáveis fisicamente. Sem dúvida, atribuo a boa saúde que desfruto a uma mente em geral calma e serena. Entretanto, o benefício mais importante da paciência consiste em sua ação como um antídoto poderoso ao mal da raiva, a maior ameaça à nossa paz interior e, conseqüentemente, à nossa felicidade.

Fevereiro 16

O aprimoramento da paciência requer a presença de alguém que deliberadamente nos faça mal. Esse tipo de pessoa nos dá a chance de praticarmos a tolerância. A nossa força interior é posta à prova com mais intensidade do que aquela de que o nosso guia espiritual seria capaz. Em essência, o exercício da paciência nos protege da perda da confiança.

Fevereiro 17

Quando objetos e pessoas nos inspiram apego excessivo ou fixação, é porque ainda não compreendemos a verdadeira natureza dos fenômenos. Só nos tornamos despojados percebendo a verdadeira natureza das coisas.

Fevereiro 18

Como tibetano e como monge, fui criado e educado de acordo com os princípios, preceitos e práticas do budismo. Não posso negar, portanto, que toda a minha maneira de pensar foi moldada pela minha compreensão do que é ser um seguidor do Buda. Entretanto, minha preocupação é tentar alcançar o que está além das fronteiras formais de minha fé. Quero mostrar que existem de fato alguns princípios éticos universais que poderiam ajudar qualquer pessoa a alcançar a felicidade a que todos nós aspiramos.

Fevereiro 19

A mente humana é simultaneamente a fonte e, se orientada de forma apropriada, a solução de todos os nossos problemas. Os que adquirem grande erudição mas não têm bom coração correm o risco de ser atormentados por ansiedades e inquietações que resultam de desejos que não podem ser realizados. A compreensão genuína dos valores espirituais tem o efeito oposto.

Fevereiro 20

A compaixão é, por natureza, gentil, pacífica e delicada, embora também seja muito poderosa. Aqueles que perdem facilmente a paciência são inseguros e instáveis. Portanto, para mim, ser dominado pela raiva é um sinal de fraqueza.

Fevereiro 21

Quando educamos nossas crianças para adquirirem conhecimentos sem compaixão, é muito provável que sua atitude para com os outros venha a ser uma combinação de inveja daqueles que ocupam posições superiores às suas, competitividade agressiva para com seus pares e desdém pelos menos afortunados, o que leva a uma propensão para a ganância, para a presunção, para os excessos e, muito rapidamente, para a perda da felicidade. Conhecimento é importante. Muito mais, porém, é o uso que lhe damos. Isso depende da mente e do coração de quem o usa.

Fevereiro 22

Educar é muito mais do que transmitir conhecimentos e habilidades por meio dos quais se atingem objetivos limitados. É também abrir os olhos das crianças para as necessidades e os direitos dos outros. Precisamos mostrar às crianças que suas ações têm uma dimensão universal. E precisamos encontrar uma forma de estimular seus sentimentos naturais de empatia para que venham a ter uma noção de responsabilidade afetiva em relação aos outros. Pois é isso que nos motiva a agir.

Fevereiro 23

Se tivéssemos de escolher entre conhecimento e virtude, a última seria sem dúvida a melhor escolha, pois é mais valiosa. O bom coração, que é fruto da virtude, é por si só um grande benefício para a humanidade. O mero conhecimento, não.

Fevereiro 24

Neste mundo em permanente mutação existem duas coisas importantes que precisamos ter em mente. A primeira é a auto-avaliação. Devemos sempre reavaliar nossa própria atitude para com os outros e verificar constantemente se estamos agindo da maneira certa. Antes de apontar o dedo para o nosso semelhante, deveríamos apontá-lo para nós mesmos. Em segundo lugar, precisamos estar preparados para admitir nossos erros e procurar corrigi-los.

Fevereiro 25

Sua experiência permitirá que você compreenda o que implica o conceito de "consciência" e o que isso é de fato. A consciência é um fenômeno não obstrutivo, não material, e tem o mesmo atributo da luminosidade, ou seja, reflete qualquer objeto ao surgir no aspecto daquele objeto. A consciência é como uma pedra de cristal: quando um cristal repousa sobre uma superfície colorida, não se pode ver sua limpidez e ausência de cor naturais; quando é retirado daquela superfície, pode-se outra vez constatar essas características.

Fevereiro 26

As pessoas que melhor se adaptam à prática espiritual são aquelas que não só são intelectualmente bem-dotadas como têm uma fé e uma dedicação bem direcionadas, além de ser sensatas. Essas são as mais receptivas à prática espiritual. Em um segundo grupo, as pessoas podem não ser altamente inteligentes, mas possuir uma fé sólida e bem fundamentada. As menos afortunadas são as que pertencem à terceira categoria, e, mesmo que sejam muito inteligentes, estão sempre às voltas com críticas e dúvidas. Tendem a ser hesitantes e céticas e nunca encontram de fato a serenidade. São as menos receptivas.

Fevereiro 27

Possuir um bom coração é tão importante quanto proveitoso. Imagine uma pequena família, mesmo sem crianças: caso os seus membros se tratem com carinho, cria-se uma atmosfera de paz. Se, porém, um deles se aborrece, o ambiente fica pesado e não adianta a comida estar gostosa ou o aparelho de TV ser de última geração: lá se vão a paz e a tranqüilidade. Na verdade, tudo depende mais do nosso espírito do que dos bens materiais.

Fevereiro 28

É muito triste que uma pessoa nunca tenha encontrado alguém que a amasse. Se essa pessoa pudesse conhecer pelo menos uma outra que lhe dedicasse amor incondicional – a pura combinação de aceitação e compaixão –, ou se pudesse sentir-se objeto de afeição e amor, isso teria grande impacto e extremo valor para ela. Pois existe dentro de todos nós uma boa semente pronta a despertar e amadurecer em decorrência das demonstrações de amor.

MARÇO

Março 1

Fale a sua verdade, seja ela qual for, clara e objetivamente, usando um tom de voz tranqüilo e agradável, liberto de qualquer preconceito ou hostilidade. Que o olhar lançado sobre os seus semelhantes esteja repleto de ternura: afinal, é graças a eles que você vai chegar a Buda.

Março 2

É preciso compreender que a afeição de que falo é gratuita, praticada sem intenção de receber algo em troca. Não é uma questão de sentimento. Da mesma forma, dizemos que a verdadeira compaixão é livre de vinculações. É preciso atenção para esse princípio, pois vai de encontro à nossa maneira habitual de pensar. Não é este ou aquele caso em especial que estimula a nossa piedade. Não escolhemos esta ou aquela pessoa como objeto de nossa compaixão. A compaixão é despertada espontaneamente, é incondicional, sem qualquer expectativa de vir a receber algo em troca. E é de alcance universal.

Março 3

A compaixão e o amor não são artigos de luxo. Como origem da paz interior e exterior, são fundamentais para a sobrevivência de nossa espécie. Por um lado, são a não-violência em ação. Por outro, são a fonte de todas as qualidades espirituais: a capacidade do perdão, a tolerância e todas as demais virtudes. Além disso, são o que de fato dá sentido às nossas atividades e as torna construtivas.

Março 4

Diante do sofrimento alheio, não reaja com superioridade ou arrogância. Cultivar a sabedoria ajuda-nos a evitar esses descaminhos. É difícil, porém, generalizar sobre esses princípios, pois cada ser humano possui seu próprio grau de coragem e de paciência.

Março 5

Não importa com quem estejamos, sempre pensamos algo parecido com: "Eu sou mais forte do que ele", "Eu sou mais bonita do que ela", "Eu sou mais inteligente", "Eu sou mais rico", "Sou mais bem qualificado", e assim por diante, o que gera um excesso de orgulho. Não há nada pior. Precisamos, isto sim, praticar a humildade.

Março 6

O mundo de hoje está a tal ponto mergulhado em conflitos e sofrimento que todos anseiam por paz e felicidade. Esse anseio infelizmente fez com que as pessoas se deixassem levar pela busca de prazeres efêmeros. Entretanto, existem algumas poucas mais esclarecidas que, insatisfeitas com o que se costuma ver e experimentar, refletem com mais seriedade e procuram uma felicidade mais verdadeira. Acredito que a procura da Verdade continuará e será mais intensa à medida que aumentar nosso progresso material.

Março 7

Muitas pessoas trabalharam duro, sozinhas ou em grupo, para tornar nossa vida mais confortável. O alimento que comemos e as roupas que vestimos não caíram simplesmente do céu. Muitos trabalharam para produzi-los. Por esse motivo, devemos ser gratos a todas as pessoas.

Março 8

É durante as fases de maior adversidade que surgem as grandes oportunidades de se fazer o bem a si mesmo e aos outros.

Março 9

Até mesmo quando estamos ajudando os outros e praticando obras de caridade, não devemos pensar em nós mesmos com altivez, como nobres protetores dos fracos.

Março 10

A origem latina da palavra "religião" está associada ao conceito de "ligar outra vez". De que maneira esse conceito poderia ser utilizado como termo comum a nossos diversos ensinamentos religiosos? O inimigo comum de todas as disciplinas religiosas, o alvo de todos os preceitos morais estabelecidos pelos grandes mestres da humanidade, é o egoísmo. Porque é exatamente o que causa a ignorância, o ódio e a paixão, que são a origem de todos os males do mundo.

Março 11

No ciclo de renascimentos a que chamamos samsara, de tempos em tempos ocorre o fenômeno da reencarnação. Antes de mais nada, é preciso saber distinguir entre uma coisa e outra: o ciclo de renascimentos – samsara – é a própria condição, o estado fundamental de qualquer vida. Nenhuma existência lhe escapa, a não ser que alcance o nirvana. É um estado doloroso, porque nos obriga a viver várias vezes seguidas, às vezes em níveis que podem ser piores do que aqueles em que já vivemos. Se o renascimento é uma obrigação, a reencarnação é uma opção. É o poder concedido a determinados indivíduos de valor, que assim podem ter controle sobre seu futuro nascimento.

Março 12

Se é que existe nos escritos do Buda algo semelhante ao que se chama no Ocidente de raiva subconsciente, esta teria mais a ver com o que compreendemos como infelicidade mental ou insatisfação, no sentido em que essas coisas são encaradas como as fontes da raiva e da hostilidade. Pode ser encarada como falta de consciência ou como uma interpretação errônea da realidade.

Março 13

Quando os meios de comunicação se concentram demasiadamente nos aspectos negativos da natureza humana, há o perigo de nos persuadirem de que a violência e a agressividade são as principais características do homem. Creio que essa conclusão é um equívoco. O fato de a violência ter tanto valor como notícia sugere exatamente o oposto. As notícias positivas não chamam tanto atenção porque há um excesso de notícias positivas. Há, sem dúvida, muitos atos de violência sendo cometidos ao mesmo tempo, mas em número muito menor.

Março 14

Hoje em dia, nossos conhecimentos expandiram-se grandemente com a ajuda da ciência e da tecnologia. Porém o conhecimento de nossa própria mente, de nossa natureza profunda, ainda é limitado no mundo ocidental. Isso se deve ao fato de a consciência não ter forma nem ser possível tocá-la e, portanto, não ser possível medi-la com instrumentos. Só pode ser conhecida através da meditação e de métodos similares.

Março 15

Carma é uma palavra sânscrita que significa “ação”. Designa uma força ativa, o que quer dizer que o resultado dos acontecimentos futuros pode ser influenciado por nossas ações. Supor que carma é uma espécie de energia independente que predestina o curso de toda a nossa vida é incorreto.

Março 16

Quem cria o carma? Nós mesmos. O que pensamos, dizemos, fazemos, desejamos e omitimos cria o carma. Não podemos, portanto, sacudir os ombros sempre que nos defrontamos com o sofrimento inevitável. Dizer que todo infortúnio é mero resultado do carma equivale a dizer que somos totalmente impotentes diante da vida. Se isso fosse verdade, não haveria motivo para se ter qualquer esperança.

Março 17

Se a evolução da espécie humana é apenas uma questão de ambiente, de modificação de genes, cromossomos e assim por diante, então não há mesmo lugar para o carma. O conceito de carma não se encaixa aí porque supostamente todos os efeitos seriam apenas derivados de seus próprios componentes físicos. Entretanto, as células evoluem, tornam-se cada vez mais complexas e formam seres humanos. Existem cerca de setenta trilhões de opções de combinações de genes dos pais para formar um ser humano. Porém só uma delas prevalece. Se fazemos a pergunta "Por quê?", então o carma está diretamente relacionado a essa pergunta.

Março 18

Ao chegar a um país que ainda não conheço, de início tudo me parece muito agradável, muito bonito. Todos que encontro são muito simpáticos. Não há nada do que se queixar. Então, dia após dia, escuto o que as pessoas dizem e descubro quais são os seus problemas, seus interesses e suas preocupações. Sob a superfície há muitos que se sentem apreensivos e insatisfeitos com suas vidas. Têm uma sensação de isolamento e a ela se segue a depressão. O que resulta numa atmosfera perturbada, que é um traço tão característico do mundo desenvolvido.

Março 19

O desejo sexual, por definição, significa que se quer alguma coisa: a satisfação do desejo pela posse do outro. Até certo ponto, isso é uma projeção mental, provocada por uma determinada emoção. Imaginamos o outro em nosso poder. No momento do desejo, tudo parece agradável e satisfatório. Não se vê nenhum obstáculo, nenhuma restrição. O objeto do desejo parece não ter defeitos, parece merecer todos os elogios. Mas tudo muda com a posse. Quando o desejo desaparece – seja porque está satisfeito ou porque o tempo passou e o enfraqueceu –, não olhamos mais para o outro da mesma maneira. Algumas pessoas admitem que ficam perplexas com isso. Um descobre a verdadeira natureza do outro. E essa é a razão por que há tantos casamentos desfeitos, tantas disputas, tantos processos legais entre casais e tanto ódio.

Março 20

Hoje em dia, em vez de dependermos uns dos outros para ajuda e apoio, costumamos contar com máquinas e serviços. Antigamente, os fazendeiros convocavam todos os membros da família para o trabalho da colheita. Hoje, telefonam para um empreiteiro. A vida moderna está organizada de modo a exigir que a dependência direta dos outros seja a menor possível. A ambição mais ou menos universal parece ser todos terem sua própria casa, seu próprio carro ou seu próprio computador para serem o mais independentes que puderem. Isso é natural e compreensível.

Março 21

Também podemos assinalar a crescente autonomia que as pessoas desfrutam em conseqüência dos avanços da ciência e da tecnologia. De fato, hoje é possível sermos muito mais independentes dos outros do que em qualquer outra época. Porém, junto com esses progressos, surgiu a noção de que nosso futuro não depende do nosso vizinho, e sim do nosso emprego ou, no máximo, do nosso patrão. E isso, por sua vez, nos leva a supor que, pelo fato de os outros não serem importantes para a nossa felicidade, a felicidade deles passa a não ser importante para nós.

Março 22

A sociedade moderna certamente não confere à humildade a importância que ela possuía no Tibet quando eu era jovem. Naquela época, nossa cultura e o natural respeito à humildade de nosso povo criaram uma atmosfera propícia em que essa virtude floresceu, enquanto a ambição (que se deve distinguir da aspiração inteiramente legítima de obter êxito em tarefas construtivas e benéficas) era vista como uma característica que leva com facilidade a um modo de pensar egocêntrico. No entanto, na vida contemporânea, a humildade é mais importante do que nunca.

Março 23

Afirmar que as pessoas boas sofrem e as más continuam desfrutando benefícios e prestígio revela uma visão limitada dos fatos. Ou uma conclusão apressada. Quando observamos com cuidado, constatamos que os maus definitivamente não são felizes. É sempre melhor agir com correção e assumir a responsabilidade pelos próprios atos para poder levar uma vida positiva.

Março 24

O ideal é que se tenha muita coragem e força, mas sem se vangloriar de tais qualidades ou alardeá-las. Para, em tempos de crise, mostrar-se à altura da situação, lutando com bravura pelo que é certo.

Março 25

A mente, cuja natureza percebemos como realidade para tornar efetiva a onisciência, precisa ser muito especial, um tipo de mente que, no que se refere à sua continuidade, seja eterno. Não pode ser de qualquer outro tipo. Porque os diversos estados contaminados da mente, tais como as ilusões e os enganos, as aflições e angústias, são estados casuais, ocasionais: surgem em determinados períodos e depois desaparecem, não são duradouros.

Março 26

O sofrimento provém de várias causas e circunstâncias. Mas a razão primordial de nossa dor e de nosso sofrimento está na indisciplina e ignorância de nossa própria mente. A felicidade que buscamos só pode ser alcançada através da purificação de nossas mentes.

Março 27

Em nosso mundo, precisamos ter uma clara percepção da natureza interdependente das nações, dos seres humanos e dos animais, e de todos eles com o mundo físico. Tudo tem uma natureza interdependente. Acredito que muitos problemas, em especial os gerados pelo homem, devem-se à falta de conhecimento dessa natureza interdependente.

Março 28

É a íntima relação entre mente e corpo, além do fato de existirem centros fisiológicos especiais dentro de nosso corpo, que faz com que os exercícios físicos da ioga e a aplicação de técnicas específicas de meditação visando ao treinamento da mente tenham efeitos positivos sobre a saúde do corpo.

Março 29

Quando a clara e límpida natureza da mente está escondida ou impedida de expressar sua verdadeira essência por causa de emoções ou pensamentos angustiantes, diz-se que a pessoa foi pega em samsara, o ciclo da existência. Quando, porém, em decorrência da aplicação de técnicas e práticas de meditação apropriadas, uma pessoa é capaz de usufruir totalmente esse estado da mente, então ela está no caminho da verdadeira libertação e total iluminação.

Março 30

Quando consideramos o Buda como uma autoridade, como um mestre confiável, nós o fazemos por ter estudado e analisado seu principal ensinamento, as Quatro Nobres Verdades. É por ter investigado a solidez dos argumentos e a confiabilidade de sua doutrina que aceitamos o Buda, que a apresentou como um mestre em quem se pode confiar.

Março 31

Uma forma importante de caridade é a doação de coisas materiais, tais como roupas, comida e abrigo para os semelhantes. No entanto, é uma forma de caridade limitada, pois não proporciona completa satisfação. Assim como nossa experiência comprova que, através da purificação gradual de nossas mentes, mais e mais a felicidade se expande, o mesmo serve para as outras pessoas. Portanto, é fundamental que todos compreendam a necessidade de adotar as devidas práticas para que também alcancem essa felicidade. E devemos ser inteiramente capazes de transmitir os ensinamentos referentes ao assunto de modo a facilitar ao máximo o aprendizado dos outros.

ABRIL

Abril 1

O benefício mais importante da paciência consiste em sua ação como um antídoto poderoso ao mal da raiva, a maior ameaça à nossa paz interior e, conseqüentemente, à nossa felicidade. A paciência é o melhor recurso de que dispomos para nos defendermos inteiramente dos efeitos destrutivos da raiva. Pensem bem: a riqueza não protege ninguém da raiva. Nem a educação, por mais talentosa e inteligente que a pessoa seja. A lei muito menos pode ser de qualquer ajuda. E a fama é inútil. Só a proteção interior do autocontrole paciente evita que experimentemos o tumulto das emoções e pensamentos negativos.

Abril 2

Se considerarmos as religiões mais importantes do mundo sob uma perspectiva mais ampla, descobriremos que todas elas – budismo, cristianismo, hinduísmo, islamismo, judaísmo, siquismo, zoroastrismo e outras – visam ajudar o homem a alcançar uma felicidade duradoura. E todas, na minha opinião, são capazes de proporcionar tal coisa. Nessas circunstâncias, é ao mesmo tempo desejável e útil que haja uma grande variedade de religiões promovendo os mesmos valores básicos.

Abril 3

Ser objeto de elogios não traz nada de concreto: não atrai sorte para as pessoas nem as faz viver por mais tempo. Se tudo o que você procura é o prazer fugaz, então basta fazer uso de drogas. Ainda assim, muitas pessoas investem grandes quantias e até mesmo enganam os próprios amigos na busca de prestígio. Não pode haver estupidez maior. Na verdade, prestígio e fama são de pouca valia nessa vida, e na vida futura não servem para nada. Ficar feliz por ser famoso ou infeliz por ser criticado não tem qualquer significado.

Abril 4

Creio que a ciência ocidental e a filosofia oriental podem unir-se para ajudar a formar seres humanos realmente completos e maduros, para que o homem possa emergir fortalecido de sua condição e atingir a plenitude. O que de fato me interessa é o que está além da matéria e da consciência, aquilo que é verdadeiramente importante e que faz de nós o que somos.

Abril 5

Cada um de nós tende a ser condescendente consigo mesmo. Olhamos para nós mesmos com benevolência. Se alguma coisa de ruim acontece conosco, sempre temos a propensão de atribuir a culpa aos outros, ao destino, ao diabo ou a Deus. Nós nos recusamos a penetrar em nosso interior, conforme recomendação do Buda.

Abril 6

Nas circunstâncias atuais, ninguém pode se dar ao luxo de acreditar que seus problemas vão ser solucionados pelos outros. Cada indivíduo tem a responsabilidade de ajudar a levar nossa família global para o rumo certo. Ter boa vontade não é suficiente, é preciso nos envolvermos de forma ativa.

Abril 7

O Todo Iluminado declarou que tudo o que podia fazer era ensinar-nos o darma, o caminho para nos libertarmos do sofrimento. Cabe a nós pôr isso em prática: ele se eximiu dessa responsabilidade!

Abril 8

Bodicita é o remédio que recupera e faz reviver todo ser sensível que ao menos ouve falar a respeito do assunto. Quando você se empenha em satisfazer as necessidades dos seus semelhantes, suas próprias necessidades são satisfeitas em decorrência.

Abril 9

No início da prática budista, nossa capacidade de servir aos outros é limitada. O nosso objetivo principal, então, deve ser a própria cura, a transformação de nossos corações e mentes. No entanto, à medida que prosseguimos, nós nos tornamos mais fortes e cada vez mais capazes de servir aos outros.

Abril 10

Práticas como as do bodicita forçosamente proporcionam calma e serenidade na hora da morte. Nessas ocasiões, a mente encontra-se em um momento muito crítico e, se a pessoa é capaz de deixar um forte impacto positivo naquela hora, este se tornará uma força muito poderosa, continuando a experiência positiva na vida seguinte daquela pessoa.

Abril 11

Se, em uma sociedade competitiva, você é sincero e honesto, certas pessoas podem vir a se aproveitar de você em determinadas circunstâncias. Se você deixar que o façam, essas pessoas estarão cometendo uma ação imprópria e acumulando mau carma, o que as prejudicará no futuro. Portanto, é admissível, havendo uma motivação altruística, reagir de alguma forma para evitar que os outros sofram as conseqüências das más ações.

Abril 12

Três qualidades capacitam as pessoas a compreenderem os ensinamentos do Buda: objetividade, que significa mente aberta; inteligência, que é a aptidão crítica para discernir o verdadeiro sentido ao analisar os ensinamentos; e interesse e empenho, que significam entusiasmo.

Abril 13

Toda tarefa, por mais nobre que seja, está destinada a enfrentar problemas e obstáculos. É importante avaliar por completo a finalidade a que nos propomos e quais são os fatores que determinam a nossa conduta. É importante que a pessoa seja verdadeira, honesta e sensata. Suas ações devem ser tão boas para os outros quanto para si própria.

Abril 14

O inimigo comum de todas as disciplinas religiosas é o egoísmo da mente. Pois é isso o que causa a ignorância, a cólera e o descontrole, que são a origem de todos os problemas do mundo.

Abril 15

O vazio deve ser compreendido no contexto da origem dependente e deve evocar uma sensação de plenitude, de coisas criadas por causas e condições. Não devemos pensar que o eu é algo que já existia originalmente e deve ser eliminado através da meditação. Na verdade, é algo que, antes de mais nada, nunca existiu.

Abril 16

O ambiente natural proporciona o sustento da vida de todos os seres universalmente. Existem referências a árvores em todos os relatos dos principais acontecimentos da vida do Buda. Sua mãe encostou-se em uma árvore buscando apoio no momento de seu nascimento. Ele alcançou a iluminação sentado sob uma árvore e, quando afinal morreu, teve as árvores como testemunhas acima de sua cabeça.

Abril 17

Quando se busca a ausência de atividade mental, há um estágio em que o esforço deve ser abandonado, pois é necessária uma concentração livre de qualquer empenho. A mente torna-se muito calma e chega ao estado de plenitude. Nesse momento, qualquer esforço pode perturbar a pura tranqüilidade. Então, para manter essa tranqüilidade, é preciso esforçar-se para não se esforçar.

Abril 18

Disciplina é um supremo ornamento e, seja usada pelos velhos ou pelos moços, faz nascer apenas felicidade. É perfume por excelência e, ao contrário dos perfumes comuns que só viajam com o vento, seu aroma refrescante viaja espontaneamente em todas as direções. Bálsamo sem igual, proporciona alívio às dores intensas da ilusão e do engano.

Abril 19

A história da vida pessoal do Buda é a história de alguém que atingiu a plena iluminação através de muito trabalho e de uma dedicação inabalável.

Abril 20

Esta afirmação talvez o surpreenda, mas não me oponho rigorosamente ao espetáculo da violência e do crime. Tudo depende das lições que tiramos dessas coisas.

Abril 21

Todos os problemas com que nos deparamos na vida cotidiana – fome, desemprego, delinqüência, insegurança, deformação psicológica, epidemias diversas, drogas, loucura, desespero, terrorismo – estão relacionados ao crescente afastamento entre as pessoas, que, desnecessário dizer, também pode ser verificado nos países ricos. Nossa experiência ancestral sempre comprova: tudo está ligado, todas as coisas são inseparáveis. Sendo assim, é preciso acabar com esse afastamento.

Abril 22

A verdadeira compaixão decorre da percepção do sofrimento dos outros. Nós nos sentimos responsáveis e desejamos fazer algo por eles.

Abril 23

Quando a propaganda tem uma causa nobre, vale a pena. O Buda propagou os princípios da iluminação e do nirvana. Se a propaganda for sensata e benéfica, é boa; se, porém, visar somente ao lucro, ao logro e à exploração, se for enganadora, então é má.

Abril 24

Cultivar a intimidade e a proximidade dos outros coloca prontamente o espírito à vontade. É a maior fonte de bem-aventurança na vida.

Abril 25

Enfrentar sofrimentos contribuirá indiscutivelmente para a elevação de sua prática espiritual, desde que você seja capaz de transformar a calamidade e o infortúnio em caminho.

Abril 26

Sabendo ouvir sua mente, você se voltará para a fé e para a devoção. Você poderá cultivar a alegria em seu íntimo e conseguirá manter o equilíbrio de sua mente.

Abril 27

Samsara – nossa existência condicionada ao ciclo perpétuo das tendências habituais – e nirvana – a libertação genuína de tal existência – nada mais são do que manifestações diferentes de um *continuum* fundamental. Essa continuidade de consciência está sempre presente. Esse é o significado de tantra, ou continuidade.

Abril 28

Quando um doente terminal tem uma crença religiosa, sua doença pode ser um degrau importante para o crescimento pessoal se ele segue os princípios de sua crença. Se não tem crença nenhuma, os amigos precisam tanto quanto possível demonstrar-lhe sua compaixão e partilhar seus problemas.

Abril 29

Ao suportar o sofrimento, não ceda aos sentimentos de vaidade e presunção. Cultivar a sabedoria ajuda-nos a evitar essas armadilhas. Mas é difícil generalizar, porque a coragem e a resistência de cada pessoa são únicas e exclusivas.

Abril 30

Os problemas que enfrentamos nunca se devem ao fato de começarmos um projeto ou trabalho em um dia ou ocasião inoportunos. O Buda sempre falava que as experiências negativas são o resultado de ações negativas. Portanto, para um bom praticante do budismo, não há dias bons ou maus.

MAIO

Maio 1

A felicidade é sempre um resultado da atividade criativa.

Maio 2

Quando somos capazes de reconhecer e perdoar atitudes impensadas que tivemos em nosso passado, nós nos fortalecemos e ficamos mais preparados para dar soluções construtivas aos problemas do presente.

Maio 3

Há muitos tipos de ilusão: paixão, raiva, orgulho, ódio, hostilidade, etc. Paixão e hostilidade são as principais ilusões: por paixão entendemos um apego excessivo aos homens e às coisas. A paixão pode tornar-se auto-apego ou egoísmo, a partir do qual a pessoa pode desenvolver o orgulho através de um sentido de superioridade.

Maio 4

Entre a mente e o corpo de um homem, consideramos a mente superior: tanto a fala quanto o corpo estão sujeitos a ela. Os pecados não afetam a natureza intrínseca da mente. A mente essencial é naturalmente pura. Pecados são imperfeições de mentes periféricas ou secundárias. Na busca da iluminação, essas imperfeições são removidas uma a uma das mentes periféricas e, quando nelas não persistem mais defeitos, a verdadeira perfeição, ou Condição Búdica, é alcançada.

Maio 5

Nós, budistas, acreditamos que todos os seres renascem e se esforçam, através de diversas vidas, para alcançar a perfeição da Condição Búdica. Não há como termos certeza de que essa perfeição seja atingida no período de uma única vida, embora isso seja possível.

Maio 6

A autoridade final deve sempre estar apoiada na razão e na capacidade de análise crítica do indivíduo.

Maio 7

Nascemos e renascemos inúmeras vezes, e é possível que qualquer ser vivo tenha sido um membro de nossa família em uma ou outra ocasião. Portanto, é possível que todos os seres vivos do planeta tenham laços familiares a uni-los.

Maio 8

Na medicina tibetana, as enfermidades da carne estão associadas à ignorância, as enfermidades dos ossos à raiva e as enfermidades do sangue às obsessões.

Maio 9

A benevolência de meus professores ficará gravada em minha memória como uma terna lembrança. Eles me proporcionaram o conhecimento religioso que sempre foi e sempre será meu maior conforto e inspiração, e fizeram o possível para satisfazer o que consideravam uma curiosidade saudável por outros assuntos.

Maio 10

Costuma-se dizer que é preciso fazer uma investigação completa sobre um provável guru, mesmo que seja preciso levar 12 anos para isso.

Maio 11

Para mim, o budismo continua sendo o caminho mais precioso. Corresponde melhor à minha personalidade. Mas isso não significa que eu acredite ser a melhor religião para todas as pessoas, da mesma forma que não acredito ser necessário que todos tenham uma crença religiosa.

Maio 12

Eu mesmo, de vez em quando, fico irritado e zangado e uso palavras ásperas para me dirigir aos outros. Então, momentos depois, quando a raiva passa, sinto-me envergonhado. As palavras negativas já foram ditas e não há como retirá-las. Embora já tenham sido pronunciadas e o som da voz já tenha cessado, seu impacto ainda persiste. Conseqüentemente, nada mais há a fazer a não ser pedir desculpas àquela pessoa, não é mesmo?

Maio 13

Quando duvido de minha própria existência, belisco-me. Mesmo que nosso conhecimento do mundo e de nós mesmos seja ilusório, existe um "não-nascido", um que "não-se-tornou". Sem isso, não existiríamos. Porém existimos de uma forma que é ao mesmo tempo relativa (à atividade de nossa mente) e condicionada (a todas as outras existências).

Maio 14

Se examinarmos o progresso material, veremos que uma pesquisa iniciada por uma pessoa sempre pode ser continuada por outra. Isso, porém, é impossível quando se trata de progresso espiritual. Segundo os princípios do budismo, é algo que tem de ser efetuado individualmente. Ninguém pode fazê-lo por nós.

Maio 15

Ficamos de certa forma inebriados com o poder que nos concedemos sobre as coisas. Essa embriaguez leva-nos a deixar de controlar nossos apetites. Queremos sempre mais. Em vez de abafar o fogo, nós o alimentamos. Em vez de praticar o desarmamento interno, o único que vale a pena, multiplicamos nossas armas de conquista. E acabamos até esquecendo de verificar se realizamos mesmo nossos desejos iniciais.

Maio 16

A boa motivação causa a boa ação. A beleza da ação está no método, e o estado do Buda é a beleza do resultado. Em geral, a beleza significa algo positivo. No entanto, se há um apego excessivo e um tratamento errado envolvidos na questão, essa atitude pode gerar conseqüências danosas. E reflito sobre a definição de beleza. Será que alguém seria capaz de considerar a arte de matar como beleza, especialmente a morte indolor? Ou a arte da guerra – pouco esforço e enorme destruição? Talvez sejam consideradas por alguns coisas belas.

Maio 17

Existe um autêntico movimento feminista no budismo. Depois de atingir bodicita, a deusa Tara olhou para aqueles que se empenhavam em chegar ao pleno despertar e viu que havia poucas mulheres que atingiam o estado superior do Buda. Assim, ela jurou: "Desenvolvi bodicita como mulher. Juro nascer mulher em todas as minhas vidas ao longo do caminho e, na última delas, quando alcançar o estado superior do Buda, também ser mulher."

Maio 18

Na ioga tantra, a mais elevada dimensão da prática budista, não há distinção de gênero. Na vida final, em que se atinge o estado máximo do budismo, é indiferente se você é homem ou mulher.

Maio 19

O caminho tem dois aspectos: o aspecto metódico, que engloba as práticas da compaixão e da tolerância, e o aspecto da sabedoria e do conhecimento, relacionado à sagacidade para penetrar na natureza da realidade. A última parte do caminho é o verdadeiro antídoto para eliminar a ignorância.

Maio 20

Para um bodisatva ser bem-sucedido em alcançar a prática das seis virtudes – generosidade, conduta ética, tolerância, espírito alegre, concentração e sabedoria –, é imensamente importante ajudar os outros e tratá-los com benevolência.

Maio 21

Todos nós temos a grande responsabilidade de pôr em prática a essência do budismo em nossas vidas.

Maio 22

Os três vícios físicos são matar, roubar e ter comportamento sexual impróprio. Os quatro vícios verbais são a mentira, a tendência para a discórdia, as palavras cruéis e o discurso incoerente. Os três vícios do espírito são a cobiça, as más intenções e os juízos equivocados.

Maio 23

Muita gente acha que suportar perdas com paciência é um sinal de fraqueza. Considero isso um engano. A raiva é que é sinal de fraqueza, enquanto que a paciência é sempre um sinal de força. Por exemplo, uma pessoa que defende um ponto de vista baseado em motivos sólidos mantém-se confiante e até sorri enquanto expõe suas idéias. Ao contrário, se seus motivos são frágeis ou infundados e ela corre o risco de ser contestada, então se zanga, perde o controle e começa a se confundir. Raramente as pessoas se zangam quando acreditam no que fazem ou dizem. A raiva é mais comum quando as pessoas estão confusas.

Maio 24

Nós acreditamos, com boas razões, que todos os seres das mais variadas formas (tanto animais quanto humanos) renascem após a morte. Em cada vida, a proporção de dor e alegria que cada um experimenta é determinada por suas ações, boas ou más, na vida anterior, embora se possa modificar essa proporção através de esforços na vida presente. Isso é conhecido como a Lei do Carma. Os seres podem ascender ou decair nos reinos de Kure, por exemplo, de animal para ser humano ou vice-versa. Finalmente, por virtude ou iluminação, eles atingirão o nirvana, quando então param de renascer.

Maio 25

Acredito que existam dois tipos de medo. Quando ocorre um deles, a situação é delicada ou crítica. Nessas ocasiões, sei que é preciso tomar uma decisão, seja ela qual for. Primeiro, procuro aconselhar-me com meus amigos e refletir sobre o assunto. Então, tomo uma decisão e começo a agir, sem jamais me arrepender da decisão tomada. Em última análise, isso está muito relacionado com a motivação. Se minha motivação não é negativa nem egoísta, não tenho nenhum sentimento de culpa. O segundo tipo de medo está baseado na imaginação. Para superá-lo, é preciso calma, de modo que seja possível investigar melhor a questão. Quando a encaramos de perto, o medo imaginário relacionado a ela costuma dissipar-se.

Maio 26

O sentimento de culpa pode ser superado. Para o budismo, esse sentimento não existe. De acordo com a essência do Buda, todos os aspectos negativos podem ser purificados.

Maio 27

Maaiana tem quatro pontos de apoio. Primeiro: confiar nos ensinamentos e não no mestre que os ensina. Segundo: confiar no significado e não nas palavras que o expressam. Terceiro: confiar no significado definitivo e não no provisório. Quarto: confiar na sabedoria transcendente da experiência profunda e não no simples conhecimento.

Maio 28

Por causa das influências cármicas, o mundo tem uma aparência diferente para diferentes pessoas. Quando um ser humano, um deus e um espírito inquieto – três seres sensíveis – olham para uma tigela com água, os fatores cármicos fazem o ser humano ver água, enquanto o deus vê néctar e o espírito inquieto vê sangue.

Maio 29

Perguntam-me às vezes se o voto de castidade é de fato desejável e se é realmente possível mantê-lo. É preciso dizer que sua prática não é só uma questão de reprimir desejos sexuais. Ao contrário, é necessário aceitar inteiramente a existência de tais desejos e transcendê-los pelo poder do raciocínio. Quando se é bem-sucedido nisso, o resultado para a mente é muito benéfico. O problema do desejo sexual é o fato de ser um desejo cego e que só proporciona uma satisfação temporária. Assim, como dizia Nagarjuna: "Quando você sente uma coceira, você se coça. Mas não coçar é sempre bem melhor do que coçar muito."

Maio 30

Deparar-se com o sofrimento contribuirá forçosamente para a elevação de sua prática espiritual se você for capaz de transformar a calamidade e o infortúnio em caminho e rumo.

Maio 31

O envelhecimento destrói a juventude, a doença destrói a saúde, a degeneração da vida destrói excelentes atributos e a morte destrói a vida. Mesmo que você seja um grande corredor, não poderá correr da morte. Não poderá impedir a chegada da morte com suas riquezas, nem com passes de mágica, nem recitando mantras e nem mesmo com remédios. Portanto, é sensato preparar-se para a morte.

JUNHO

Junho 1

Compreendo que o significado de "uma pessoa aberta" seja igual ao de "uma porta aberta": pode ser aberta facilmente, sem problemas. "Livre" quer dizer o mesmo. Uma pessoa livre e aberta, quanto mais absorve novas idéias, mais se entusiasma em passar adiante novas energias. Dessa forma, as pessoas se ajudam mutuamente, o que é muito útil e bastante necessário, especialmente nos dias de hoje.

Junho 2

Um maior grau de tranqüilidade interior é fruto do crescimento do amor e da compaixão.

Junho 3

Não se chega à harmonia através da raiva e do ódio. A nobre tarefa de controle de armas e de desarmamento não pode ser realizada em um clima de confrontos e acusações. Atitudes hostis só servem para acirrar os ânimos e piorar a situação, enquanto que uma verdadeira atmosfera de respeito gradualmente esfria o que de outra maneira poderia tornar-se explosivo. Precisamos saber reconhecer as freqüentes contradições entre os benefícios de curto prazo e os prejuízos de longo prazo.

Junho 4

A principal causa da depressão não é a falta de conforto material, mas a ausência do afeto dos outros.

Junho 5

Na meditação de quietude mental, nos nove estágios da mente, há um deles em que o esforço deve ser abandonado. Uma concentração sem esforço é necessária em um certo estágio. Implica não fazer esforço algum: significa que sua mente fica muito tranqüila – e com boas qualidades, e com todas as suas características. Nesse momento, se você fizer qualquer esforço, sua tranqüilidade será perturbada. Portanto, para manter aquela pura tranqüilidade, deve-se utilizar o esforço sem esforço.

Junho 6

Em uma determinada ocasião, fui para um hospital de Calcutá em que os médicos dispunham de máquinas enormes para o seu trabalho, mas eles erraram o diagnóstico. Nossos médicos tibetanos, sem usar qualquer instrumento, tocam os punhos, ouvem os diversos pulsos, examinam as pessoas e sabem exatamente o que está errado. O sistema inteiro da medicina tibetana é realmente admirável.

Junho 7

Uma pessoa muito pobre, sem nenhum recurso, deve às vezes pensar que seria maravilhoso ter um automóvel ou uma televisão. Se tal pessoa, por acaso, tivesse a oportunidade de comprar tais objetos, ficaria muito feliz no início. Caso esse fosse um tipo de felicidade permanente, é claro que duraria para sempre. Mas não dura, vai-se embora. Depois de alguns meses, aquela pessoa começa a sonhar com modelos mais novos. Os velhos, os mesmos de antes, passam a causar aborrecimento. Essa é a natureza das mudanças.

Junho 8

Não se deve permitir que a fala e as atividades físicas que acompanham os processos mentais ocorram de forma descontrolada ou aleatória. Da mesma forma que um treinador amansa e adestra um potro selvagem e bravo por meio de um longo e rigoroso treinamento, também as atividades físicas e os pensamentos imprudentes e sem rumo devem ser disciplinados com o objetivo de torná-los dóceis, justos e capazes.

Junho 9

Os sonhos são idéias da mente. Não há um único objeto tangível sob sua aparência. De modo semelhante, o eu e os outros, samsara e nirvana são designados pelo nome e pelo conhecimento que se tem deles. Portanto, nenhum objeto tem existência inerente.

Junho 10

O estado do Buda é um estado livre de todos os entraves ao conhecimento e despojado de todas as emoções perturbadoras. É um estado em que a mente está plenamente evoluída.

Junho 11

A maneira como a cultura ocidental vê o sentimento de culpa tem a ver com falta de esperança e desânimo, além de estar relacionada ao passado. O remorso genuíno, entretanto, é um estado de espírito saudável: está relacionado ao futuro, ligado à esperança, e faz as pessoas agirem e mudarem.

Junho 12

Para estudar um texto, devemos levar em conta as circunstâncias, a situação, a época, o tipo de sociedade e a comunidade em que o livro foi escrito ou o ensinamento divulgado.

Junho 13

Algumas pessoas devem perguntar: se tudo é uma ilusão, para que se livrar de sofrimentos ilusórios com um antídoto que é em si ilusório? A resposta é que o sofrimento ilusório é o resultado de causas e condições que também são ilusórias. Embora a dor seja ilusória, ainda assim sofremos com ela e certamente não a desejamos. O mesmo se aplica à felicidade. É uma ilusão, mas ainda assim é algo que almejamos. Portanto, os antídotos ilusórios são usados para eliminar sofrimentos ilusórios, da mesma forma que um mágico cria uma ilusão para neutralizar a anterior.

Junho 14

O que é empenho? É encontrar alegria em fazer o que é bom. Para tanto, é necessário afastar todos os entraves, especialmente a preguiça. Têm relação com isso o gosto desmedido pelo ócio e pelo sono e ser indiferente ao samsara como um estado de sofrimento.

Junho 15

A clonagem é um método fácil e preciso de reprodução que implica pôr fim às nossas possibilidades de evolução. Declaramos que somos perfeitos e paramos por aí. Por outro lado, se atingirmos a imortalidade, ou seja, se suprimirmos a morte, será preciso também suprimir o nascimento, porque a Terra ficaria superlotada muito rapidamente.

Junho 16

De uma coisa não se pode duvidar: a "possibilidade de uma qualidade" está dentro de nós. Chama-se prajna. Podemos negar tudo, exceto o fato de que temos a possibilidade de ser melhores. Pensem bem nisso.

Junho 17

Para não mais nascer em existências cíclicas, medite sobre o rumo a seguir, mesmo que sua cabeça esteja pegando fogo. Empenhe-se na prática e não perca tempo apagando o incêndio.

Junho 18

Nossas vidas são condicionadas pelo carma e são caracterizadas por sucessivos ciclos de problemas. Um problema começa, termina e logo tem início um outro problema.

Junho 19

A fé dissipa a dúvida e a hesitação, liberta do sofrimento e nos leva para a terra da paz e da felicidade. A fé diminui seu orgulho e é a base da veneração. É o lago supremo, porque você pode atravessar com facilidade de um estágio do caminho espiritual para o outro. É como sua mão, que pode pegar ao mesmo tempo todas as qualidades virtuosas.

Junho 20

Havia dois monges, um professor e seu aluno. Para incentivar o aluno, o professor disse: "Um dia desses, vamos sair e fazer um piquenique." Mas, alguns dias depois, aquilo já estava esquecido. O aluno lembrou ao professor a sua promessa, mas o professor respondeu que estava ocupado demais naquele momento para fazer piqueniques. Passou-se muito tempo e nada de piquenique. Quando o aluno mencionou o assunto uma segunda vez, o professor repetiu que estava muito ocupado. Um dia, o aluno viu um defunto sendo levado e, quando o professor lhe perguntou o que estava acontecendo, ele respondeu: "Aquele pobre coitado está indo para um piquenique!" Portanto, a menos que você reserve um tempo específico para os compromissos que assume, sempre terá outras obrigações que acabarão ocupando esse tempo.

Junho 21

O desânimo não se coaduna com o potencial do ser humano; não podemos simplesmente nos lamentar e reclamar: devemos usar nossa inteligência e trabalhar com todo o nosso empenho.

Junho 22

Quando alguém nasce rico ou adquire riqueza por qualquer outro meio, tem uma formidável oportunidade para beneficiar os outros. Que desperdício quando tal oportunidade é esbanjada com extravagâncias para satisfazer os próprios desejos!

Junho 23

Tanto a escravidão quanto a verdadeira liberdade estão associadas aos vários estágios de um espírito iluminado e lúcido. Através das várias técnicas de meditação, seus praticantes tentam alcançar um estado em que a iluminação e a lucidez – características primordiais do espírito – se manifestam em toda a sua grandeza.

Junho 24

Adeptos de outras religiões dizem freqüentemente que a crença no renascimento – a Lei do Carma – tende a fazer as pessoas aceitarem com excessivo conformismo as desigualdades do destino. Isso é uma verdade parcial. Não há nada na Lei do Carma que leve um homem a conformar-se com a vida atual e a deixar de investir para mudar seu destino. E é claro que nossa religião estimula todas as iniciativas para melhorar o destino dos outros. A verdadeira caridade se traduz em um duplo benefício – o de quem recebe, em sua vida presente, e o de quem dá, em sua vida presente ou na próxima.

Junho 25

As indagações fundamentais da existência humana – tais como por que estamos aqui, para onde vamos – produziram respostas diversas em diferentes tradições filosóficas. Mas é indiscutível que um coração generoso e ações íntegras levam a uma paz maior. É igualmente claro que seus opostos têm conseqüências indesejáveis. A felicidade provém de causas virtuosas. Se a desejamos de fato, não há outra maneira de proceder a não ser através da virtude: ela é o método pelo qual se alcança a felicidade. E podemos acrescentar que a base da virtude, o solo onde estão suas raízes, é a disciplina ética.

Junho 26

O tempo não espera, o tempo flui sem parar. Não só o tempo, também a nossa vida transcorre incessantemente. Se algo dá errado, não podemos fazer o tempo voltar atrás e tentar outra vez. Nesse sentido, não existe de fato uma segunda oportunidade.

Junho 27

Os políticos precisam muito da religião, mais até do que um ermitão em isolamento. Se um ermitão pratica o mal, o único a sair ferido é ele mesmo. Mas, se uma pessoa que detém o poder de influenciar diretamente o destino da sociedade age por mal, então o prejuízo será grande porque atingirá muitas pessoas.

Junho 28

Não tenho experiência suficiente para adaptar a psicoterapia ocidental ao budismo. Sei, porém, que a intimidade é necessária ao praticante da espiritualidade, sobretudo quando a pessoa está tentando superar seus problemas intelectuais e emocionais. Quando abrimos nossa mente e nosso coração, só o fazemos com alguém em quem confiamos profundamente, de quem nos sentimos próximos. Abrir-se dessa maneira é dar um passo importante para superar esses problemas.

Junho 29

A Terra é, até certo ponto, nossa mãe. É generosa, porque tolera o que fazemos. Entretanto, chegamos a um ponto em que nosso poder de destruição tem sido tão grande que a mãe Terra está sendo forçada a nos recomendar mais cuidado. Há muitos sinais que deixam isso bem claro. A natureza também tem suas limitações.

Junho 30

A tolerância serena e calma é um estágio elevado de consciência, com uma natureza muito singular, em que se notam características de flexibilidade mental e física. O corpo e a mente tornam-se dóceis, receptivos e úteis. O discernimento especial, uma clara visão interior, é um outro estado elevado da consciência, também acompanhado de flexibilidade mental e física, no qual sua capacidade de análise fica imensamente aumentada. Portanto, por natureza, a tolerância serena é assimilativa, enquanto que o discernimento especial é analítico.

JULHO

Julho 1

A essência de toda vida espiritual é a emoção que existe dentro de você, é a sua atitude para com os outros. Se a sua motivação é pura e sincera, todo o resto vem por si. Você pode desenvolver essa atitude correta para com seus semelhantes baseando-se na bondade, no amor, no respeito e sobretudo na clara percepção da singularidade de cada ser humano.

Julho 2

Faça um esforço para considerar como coisas transitórias todas as circunstâncias adversas e inquietações. Como ondulações na água de um lago, elas surgem e logo desaparecem. À medida que nossas vidas são carmicamente condicionadas, caracterizam-se por infindáveis ciclos de problemas. Um problema aparece e passa e logo em seguida surge outro.

Julho 3

A paz tem pouco valor para quem está morrendo de fome ou de frio. Não eliminará a dor da tortura infligida a um prisioneiro da consciência. Não serve de conforto para aqueles que perderam seus entes queridos em enchentes causadas por desmatamentos insensatos no país vizinho.

Julho 4

A paz só é duradoura quando os direitos humanos são respeitados, onde as pessoas têm alimentos e indivíduos e nações são livres. A verdadeira paz individual e com o mundo a nosso redor só pode ser alcançada através do desenvolvimento da paz da consciência.

Julho 5

Acredito na justiça e na determinação do homem. Na história da humanidade já ficou provado que a vontade humana é mais poderosa que a arma. Assim, embora para nós este seja o período mais difícil de nossa história, acredito firmemente que o povo tibetano, sua cultura e sua fé sobreviverão e desabrocharão outra vez algum dia.

Julho 6

Constato que, de modo geral, as pessoas cuja conduta é eticamente positiva são mais felizes e satisfeitas do que aquelas que se descuidam da ética. Isso confirma minha convicção de que, se pudermos reorientar nossos pensamentos e emoções e reordenar nosso comportamento, não só aprenderemos a lidar mais facilmente com o sofrimento como seremos capazes também, acima de tudo, de impedir o surgimento de uma porção significativa dele.

Julho 7

Em vez de ficarmos infelizes e hostis, devemos alegrar-nos com o sucesso dos outros.

Julho 8

Há muitas circunstâncias que nos tornam injustos, ambiciosos ou agressivos. Ao redor de nós, tudo contribui para isso, muitas vezes por algum interesse comercial: tenho de possuir tal e tal objeto ou minha vida será um desastre. O mundo apresenta-se para nós como sendo essencialmente competitivo, dividido entre "vencedores" e "perdedores", o que é uma imagem falsa, deliberadamente falsa. É uma visão superficial que impede qualquer mergulho no eu, qualquer meditação ou reflexão.

Julho 9

Ao contrário do inimigo externo, o inimigo interno não pode reagrupar suas forças e lançar uma contra-ofensiva quando é combatido de dentro para fora.

Julho 10

Se a espécie humana fosse intrinsecamente agressiva, teríamos nascido com garras e dentes afiados – mas os nossos são miúdos, bonitos e muito frágeis! Tudo isso significa que não temos a aparelhagem básica para agir como seres agressivos. Até mesmo a nossa boca é bem pequena. Em vista disso, acredito que a natureza básica da espécie humana deve ser pacífica.

Julho 11

O treinamento da mente é uma arte. Se isso também pode ser visto assim, a vida de cada um é uma arte. Não estou interessado no aspecto físico da arte. Simplesmente medito e treino minha mente. No que se refere à aparência externa, a natureza em sua forma mais pura também é arte.

Julho 12

Pouco importa se somos crentes ou agnósticos, se cremos em Deus ou no carma. A ética moral é um preceito que todos somos capazes de seguir. Precisamos de certas qualidades, como senso moral, piedade e humildade. Em razão da própria fragilidade humana, só adquirimos tais qualidades com um trabalho de desenvolvimento individual em um ambiente social favorável, o que é indispensável para que este nosso mundo seja mais generoso.

Julho 13

Às vezes penso que o simples ato de compartilhar comida é um dos elementos básicos de todos os relacionamentos.

Julho 14

Se os alunos indicam com toda a sinceridade os erros do guru e apontam alguma atitude contraditória, isso vai, na realidade, ajudar o guru a corrigir seu comportamento e também qualquer ação errada.

Julho 15

Qualquer coisa que contradiga a experiência e a lógica deve ser abandonada.

Julho 16

Quando surgir um problema, procure ser humilde, manter uma atitude sincera e cuidar para que o desenlace da situação seja justo. É claro que outros podem tentar aproveitar-se de você, e, se o fato de você permanecer imperturbável provocar agressões injustas, adote uma posição firme. Isso, porém, deve ser feito com compaixão, e, se for necessário expressar seus pontos de vista ou tomar medidas defensivas enérgicas, faça-o sem rancor ou má intenção.

Julho 17

O poder da mídia, seja ele exercido de forma direta ou indireta, é verdadeiramente um poder: ele atua sobre nós, modifica nosso comportamento, nossos gostos e, provavelmente, até nossos pensamentos. Como qualquer manifestação de autoridade, não pode ser aplicado de forma aleatória, pois corre o risco de se tornar arbitrário e irresponsável. Tal poder obriga os profissionais da mídia a assumir um grau de responsabilidade comparável àquele exercido por religiosos e políticos. A seu próprio modo, contribuem para a criação e manutenção de uma comunidade humana. O bem-estar dessa comunidade deve ser sua maior preocupação.

Julho 18

Apesar de certas pessoas serem altamente inteligentes, são algumas vezes atormentadas pelo ceticismo e pelas dúvidas. São sagazes, mas tendem a ser hesitantes e sempre inquietas. Essas pessoas são as menos receptivas ao darma.

Julho 19

A bondade é a pedra angular da paz e harmonia familiar. As famílias que estão no exílio precisam ensinar essa virtude aos seus filhos. Elas devem ser o primeiro guia espiritual das crianças.

Julho 20

Quando ajudamos aqueles que estão passando por grandes sofrimentos e, a certa altura, nos sentimos estafados, exaustos e desanimados, é melhor, para o bem de todos, que nos afastemos e recuperemos as forças. O importante é manter uma perspectiva de longo prazo.

Julho 21

Somente a fé remove a desordem mental e devolve a clareza de espírito.

Julho 22

No que se refere à fabricação de bombas, é indiscutível que as pessoas envolvidas são especialistas. Estão concentradas em algo muito restrito e adquirindo grande perícia nessa área, sem enxergar as conseqüências mais amplas de seus atos. É uma espécie de visão de túnel. Enquanto estiverem voltadas só para isso, conseguirão manter a própria ilusão. Do ponto de vista de quem utiliza sua produção, o que aquelas pessoas fazem é admirável. Acham que têm grande mérito e que, na sua área, estão realizando algo extraordinário.

Julho 23

No que se refere à relação entre ética e política, se profundas convicções morais nortearem o político, o homem e sua sociedade colherão extensos benefícios. É um absurdo afirmar que religião e moralidade não têm vez na política e que o homem religioso deve manter-se afastado dela e isolado como um eremita.

Julho 24

Quando um dia parece longo demais, a tagarelice vazia faz com que pareça menor. Mas essa é uma das piores maneiras de empregarmos nosso tempo. Se o alfaiate fica apenas segurando a agulha no ar e passa o dia falando com o cliente, seu trabalho nunca termina. Além disso, corre o risco de espetar o dedo. Em suma, conversas sem sentido nem objetivo nos impedem de realizar qualquer tipo de trabalho.

Julho 25

A má conduta sexual tem conseqüências negativas tanto no aspecto espiritual quanto no social. Causa desarmonia entre pessoas que têm uma vida em comum e afeta seus filhos de maneira nociva, multiplicando os problemas da sociedade.

Julho 26

Quando os outros nos ofendem, nos criticam e nos dirigem palavras desagradáveis, embora a dor que sentimos seja intolerável como um espinho no coração, devemos lembrar os ensinamentos e constatar a ausência de essência dessas palavras, que são como um eco. Assim, como se fôssemos um objeto inanimado que recebesse uma repreensão, não sentiremos nem mesmo o mais leve tumulto emocional agitar nosso íntimo.

Julho 27

Hoje em dia estamos diante de uma série de problemas. Alguns são calamidades naturais, que temos de aceitar e enfrentar da melhor maneira possível. Outros, porém, são criados pelo homem, por nossa má conduta e nossos maus pensamentos, e podem ser evitados. Um desses problemas são os conflitos ideológicos ou religiosos que fazem os homens lutarem uns com os outros, esquecendo as finalidades e os objetivos humanos.

Julho 28

Toda fé ou sistema religioso é apenas um método para alcançar um objetivo, que, para a maior parte das pessoas, é a felicidade na vida. Portanto, em nenhum momento deveríamos fazer os meios virem antes do fim.

Julho 29

É fato que os ciclos de nascimento de todos os seres sensíveis não têm princípio e que, inúmeras vezes, em vidas anteriores, desempenhamos o papel de uma mãe. O sentimento da mãe por seu filho é um exemplo clássico de amor. Para a segurança, proteção e bem-estar de seu filho, a mãe é capaz de sacrificar até a própria vida. Ao reconhecer isso, os filhos devem manifestar gratidão por suas mães e expressar tal coisa por meio de atos virtuosos.

Julho 30

A compaixão e o amor causam uma sensação de intimidade, mas na realidade são uma forma de apego. Enquanto a outra pessoa lhe parece bonita ou boa, o amor persiste. Tão logo, porém, a pessoa deixa de parecer tão bonita ou boa, o seu amor transforma-se completamente.

Julho 31

Com relação à minha atual prática diária, passo pelo menos cinco horas e meia por dia em oração, meditação e estudo. Além disso, também rezo sempre que posso durante momentos ocasionais do dia, por exemplo, durante refeições ou enquanto estou viajando. Nesse último caso, tenho três motivos principais para fazê-lo: primeiro, porque tal coisa contribui para completar minha obrigação diária; segundo, ajuda a passar o tempo de modo produtivo; terceiro, alivia o medo! Falando mais sério, agora, não vejo dificuldade em conciliar a prática religiosa e a rotina diária.

AGOSTO

Agosto 1

As boas qualidades humanas – honestidade, sinceridade e um bom coração – não podem ser compradas com dinheiro nem produzidas por máquinas ou mesmo através da mente. Nós chamamos isso de luz interior.

Agosto 2

O progresso material é inesgotável e sempre estimula o desejo por mais progresso, de modo que o prazer provocado é momentâneo e efêmero. No entanto, nós todos temos a experiência de que quando a mente desfruta intenso prazer e satisfação as privações meramente materiais ficam mais fáceis de tolerar. O prazer que provém da mente tende a ser real e duradouro.

Agosto 3

Todos temos de adotar um modo de vida consciente e compassivo para fazer o melhor que pudermos neste mundo. Então, haja o que houver, não nos arrependeremos de nada.

Agosto 4

Uma pessoa educada só se tornará nobre quando colocar em prática tudo o que tiver aprendido, e não apenas através de suas palavras.

Agosto 5

De acordo com seu grau de sutileza, a consciência está classificada em três níveis: o estado de vigília, que é a parte principal da consciência; o estado do sonho, que é mais sutil que o anterior; e a consciência durante o sono – o sono sem sonhos –, ainda mais sutil que a anterior. De modo semelhante, os três estágios de nascimento, morte e estado intermediário também são definidos de acordo com a sutileza de seus níveis de consciência. Com base na continuidade do fluxo de consciência é que se estabelece a existência do renascimento e da reencarnação.

Agosto 6

Ao receber os ensinamentos, é importante adotar uma atitude correta. Ouvir com a intenção de adquirir vantagens materiais ou reputação não é praticar o darma da maneira adequada. Nosso objetivo também não deve ser um nascimento mais elevado na vida seguinte, e muito menos apenas desejar nossa liberação do samsara. Todas são atitudes que se deve evitar. Em vez disso, devemos escutar os ensinamentos com o firme propósito de atingir o estado de onisciência para o bem de todos os seres vivos.

Agosto 7

Em tibetano, a palavra "bênção" significa transformação através da majestade ou do poder. Ou seja, o significado da bênção é produzir, como resultado da experiência, uma transformação para melhor na mente de alguém.

Agosto 8

No que se refere ao sofrimento, na realidade experimentamos vários tipos. As três categorias são: o sofrimento do sofrimento – que se refere a coisas como dores de cabeça; o sofrimento da mudança – relacionado ao sentimento de inquietação depois de ter estado confortável; e o sofrimento disseminado – que serve de base para as duas primeiras categorias e está sob o controle do carma e da mente perturbada.

Agosto 9

O critério que define uma escola como sendo budista é sua aceitação dos quatro princípios fundamentais conhecidos como os quatro selos. Estes são: todos os fenômenos compostos são impermanentes; todas as coisas e acontecimentos contaminados são insatisfatórios; todos os fenômenos são vazios e desprendidos; e o nirvana é a verdadeira paz.

Agosto 10

Os verdadeiros praticantes da espiritualidade não são afetados por pressões externas nem por suas próprias emoções. São livres para obter o benefício temporário e final de si mesmos e dos outros. Mantêm-se independentes, nada temem e nunca estão em desacordo consigo mesmos. Sempre serenos, são amáveis com todos e tudo o que dizem serve de alguma ajuda. Aonde quer que vamos, sejamos humildes e evitemos ser ruidosos e autoritários. Tenhamos o cuidado de não ferir os sentimentos dos outros nem fazê-los agir de maneira negativa.

Agosto 11

Quando as coisas não vão bem para alguém de quem não gostamos, de que adianta ficarmos alegres? O aborrecimento da pessoa não ficará pior e, se ficasse, que tristeza sermos capazes de desejar tal coisa!

Agosto 12

O nosso sistema educacional inteiro está em crise. É incapaz de se adaptar às circunstâncias. Na verdade, a crise estende-se à indústria e à política. Tudo parece escapar à nossa compreensão e, conseqüentemente, ao nosso controle.

Agosto 13

Tenho a impressão de que Deus adormeceu em algum canto. Isso é uma brincadeira, você poderá pensar, já que não reconhecemos a existência de um deus criador. Porém, se é verdade que Deus adormeceu, então temos a obrigação de acordá-lo. Não podemos culpar Deus por todas as nossas dificuldades. Nem o destino nem o carma, que é a nossa lei do encadeamento das causas, feitos e efeitos. Seria uma atitude muito covarde.

Agosto 14

Sou inteiramente contra a pena de morte. Meu predecessor aboliu-a no Tibet. Hoje em dia, acho inacreditável que ainda subsista em países grandes como a China e a Índia. Em nome da justiça, ainda estão matando pessoas no país do Mahatma Gandhi! Na própria terra em que o Buda pregou seus ensinamentos! A pena de morte é pura violência, uma barbaridade inútil. E perigosa, ainda por cima, pois pode levar a outros atos de violência – como acontece com todo tipo de violência. A punição suprema deveria ser a prisão perpétua, sem brutalidade.

Agosto 15

É necessário desenvolver a paciência, mas a impaciência também pode ser produtiva em atividades como fazer limpeza ou caminhar. Em decorrência desse tipo de impaciência, o ser humano se transforma numa mulher ou num homem de ação. Porém, quando se trata de problemas graves, a paciência é fundamental.

Agosto 16

De acordo com o tantra, a natureza fundamental da mente é essencialmente pura. Essa natureza imaculada é tecnicamente chamada de "luz clara". Quando essa clara luz da natureza da mente está velada ou impedida de expressar sua verdadeira essência em função de pensamentos e emoções aflitivos, diz-se que a pessoa foi apanhada pelo ciclo da existência, ou samsara. No entanto, quando utiliza práticas e técnicas de meditação apropriadas, a pessoa é capaz de vivenciar plenamente a clara luz da natureza da mente, livre da influência dos estados aflitivos, e está no caminho da libertação e da iluminação completas.

Agosto 17

A culpa, de acordo com certos estudiosos, é algo que pode ser superado. Não existe na terminologia budista. Com a natureza do Buda, todas as coisas negativas podem ser purificadas.

Agosto 18

A culpa é incompatível com a nossa maneira de pensar, já que, segundo esta, a pessoa é parte de uma ação mas não é inteiramente responsável por ela. É apenas parte do fator contribuinte. Entretanto, em alguns casos, temos de nos arrepender, deliberadamente assumir responsabilidades, lamentar o ocorrido e nunca mais cometer aquele erro.

Agosto 19

Aquele que possui dentro de si uma grande reserva de paciência e de tolerância tem um certo grau de tranqüilidade e calma em sua vida. Uma pessoa assim não só é feliz e mais estável emocionalmente como em geral demonstra ter mais saúde física e ser menos vulnerável a doenças. Uma pessoa assim costuma ser dotada de vontade forte, tem bom apetite e costuma dormir com a consciência tranqüila.

Agosto 20

Praticamente todos nós recebemos das nossas mães as lições básicas sobre como viver em paz, pois a necessidade de amor é o próprio fundamento da existência humana. Desde os primeiros estágios de nosso crescimento, somos completamente dependentes dos cuidados maternos, e é muito importante que as mães demonstrem o seu amor a seus filhos. Se as crianças não recebem a devida atenção, em geral, quando se tornam adultos, têm dificuldade de amar seus semelhantes.

Agosto 21

A calma duradoura é um estado elevado de consciência em que o corpo e a mente tornam-se especialmente flexíveis, receptivos e prestativos. Uma agudeza de espírito, ou sagacidade especial, também é um estado elevado de consciência no qual a capacidade de análise atingiu um grau imensamente avançado. Portanto, a calma duradoura é absorvedora por natureza, enquanto a sagacidade é analítica por natureza.

Agosto 22

A compaixão e o amor caridoso são as características principais da realização plena e da felicidade.

Agosto 23

A verdadeira compaixão é livre de vinculações. É preciso atenção para esse princípio, pois ele contradiz nossa maneira habitual de pensar. Não é este ou aquele caso em especial que estimula a nossa piedade. Não escolhemos esta ou aquela pessoa como objeto de nossa compaixão.

Agosto 24

A compaixão é despertada espontaneamente, é incondicional, sem qualquer expectativa de vir a receber algo em troca. E é de alcance universal.

Agosto 25

Quando um erro tiver sido cometido, a pessoa pode revelar o ocorrido depois de reconhecer que estava errada – na presença de pessoas sagradas verdadeiras ou imaginárias – e resolver não reincidir no erro. Isso diminui a força da ação negativa.

Agosto 26

O princípio da origem dependente ensina-nos que as coisas e os acontecimentos não existem sem uma causa. Situações de sofrimento ou situações insatisfatórias são motivadas não só pelas nossas próprias desilusões como pelas atitudes equivocadas que tomamos induzidos pela desilusão.

Agosto 27

Além de praticar durante o estado de vigília, se você também é capaz de utilizar sua consciência durante o sono, o poder de sua prática espiritual será cada vez maior. Seria um desperdício não tentar aproveitar ao menos algumas horas a cada noite. Portanto, se você conseguir transformar seu sono em algo virtuoso, isto lhe será de grande proveito. O Método Sutraiana serve para desenvolver, quando você vai dormir, um estado mental benéfico, como a compaixão ou a visualização da impermanência ou do vazio.

Agosto 28

A fé diminui o orgulho e é a base da veneração. Com fé, você pode facilmente atravessar de um estágio de conduta espiritual para outro.

Agosto 29

A culpa é um sentimento incompatível com nosso pensamento, pois acreditamos que somos parte de uma ação, mas não somos inteiramente responsáveis por ela. Somos apenas parte do fator que contribuiu para a ação. Entretanto, em alguns casos, devemos sentir arrependimento, deliberadamente assumir responsabilidades, lamentar o ocorrido e nunca cometer aquele erro outra vez.

Agosto 30

Se o rancor subconsciente tivesse um paralelo nos escritos budistas, teria a ver com o que é chamado de insatisfação ou infelicidade mental, o que é considerado a fonte do ódio e da hostilidade. O rancor subconsciente pode ser explicado como uma falta de capacidade de percepção ou como uma interpretação errada da realidade.

Agosto 31

O médico hábil trata de seus pacientes individualmente, dando o remédio necessário para curar a doença de cada um. Além disso, o método e o material usados no tratamento variam de acordo com a combinação especial de circunstâncias de tempo e lugar. No entanto, todos os amplamente diversos remédios e métodos têm em comum o fato de visarem livrar o paciente de sua doença. Da mesma forma, todos os ensinamentos e métodos religiosos têm como objetivo livrar as pessoas da infelicidade e das causas de infelicidade, e proporcionar-lhes a felicidade e as causas da felicidade.

SETEMBRO

Setembro 1

Como um aprendiz espiritual, você deve estar preparado para enfrentar as dificuldades que estão associadas a toda busca espiritual genuína e estar determinado a persistir em seus esforços e sua vontade. Você deve tentar prever os obstáculos que forçosamente encontrará ao longo do caminho e compreender que a chave para a prática bem-sucedida é nunca abandonar sua determinação.

Setembro 2

As pessoas deveriam praticar a espiritualidade com a mesma motivação da criança que está absorta brincando. Ela está tão encantada e envolvida com o que está fazendo que nunca fica saturada ou cansada. Essa deve ser sua atitude mental quando estiver praticando o darma.

Setembro 3

É lamentável que certas pessoas, por terem realizado longos estudos e adquirido conhecimentos, se tornem orgulhosas e arrogantes. Quando se verifica que existem tais sentimentos em pessoas que desconhecem a prática do darma, tal coisa é até compreensível. No entanto, se existem arrogância e sentimentos negativos em um praticante do darma, isso é de fato um grande descrédito para o método.

Setembro 4

Para superar as fixações negativas, devemos meditar a respeito do aspecto desagradável daquilo que nos atrai. O antídoto do orgulho é a meditação sobre os agregados. Para combater a ignorância, devemos nos concentrar no movimento da respiração e na interdependência. A origem das perturbações da mente é, na realidade, a falta de conhecimentos, que nos impede de compreender a verdadeira natureza das coisas. Exercemos o controle da mente purificando a noção equivocada que fazemos da realidade.

Setembro 5

A prática perfeita do budismo não é alcançada apenas através de mudanças superficiais, como, por exemplo, a adoção de uma vida monástica ou a recitação de livros sagrados. É até mesmo uma questão em aberto se essas atividades podem ou não ser chamadas de religiosas, já que a religião deve ser praticada na mente.

Setembro 6

Se a pessoa tem a atitude mental correta, todas as ações do corpo e da fala podem se tornar religiosas. Mas, se a pessoa não tem a atitude correta, se não sabe pensar adequadamente, não conseguirá realizar nada positivo, mesmo se passar toda a vida em mosteiros e em meio a leituras das Escrituras.

Setembro 7

Talvez haja tranqüilidade nos monastérios ocidentais, mas, fora deles – especialmente nas grandes cidades –, a vida parece correr com rapidez, nunca parando por um instante sequer, como um relógio! Quando observamos a vida em uma comunidade urbana, temos a impressão de que cada aspecto da vida das pessoas tem de ser preciso, projetado como um parafuso que se encaixa com exatidão em um furo. De certa forma, as pessoas não têm controle sobre a própria vida. Para sobreviver, têm de seguir esse padrão e o ritmo que foi estabelecido para elas.

Setembro 8

Quando as pessoas se encolerizam, perdem completamente a noção de felicidade. Mesmo quando têm boa aparência e costumam ser tranqüilas, seus rostos ficam lívidos e feios. A raiva perturba o bem-estar físico e o repouso dessas pessoas; estraga seu apetite e envelhece-as prematuramente. A felicidade, a paz e o sono se vão e elas negligenciam aqueles que as ajudaram ou merecem sua confiança e gratidão.

Setembro 9

Não levando em conta a memória – que nos permite lembrar, por exemplo, as experiências da juventude –, todos temos tendências latentes e inconscientes que despertam em determinadas circunstâncias e influenciam a maneira como nossas mentes reagem. Tais tendências são o produto de fortes experiências ocorridas no passado recente ou distante e fazem-nos reagir de modo inconsciente sem que necessariamente nos lembremos delas. É difícil explicá-las e definir como se manifestam: podemos dizer que são como marcas, impressões de experiências anteriores deixadas na consciência sutil.

Setembro 10

O crescimento populacional está muito ligado à pobreza, e a pobreza saqueia a Terra. Quando grupos de seres humanos estão morrendo de fome, comem qualquer coisa, insetos, vegetação, o que quer que seja. Derrubam árvores, deixam a terra seca e nua. Todos os outros cuidados desaparecem, deixam de ter importância. É por isso que, nos próximos 30 anos, os problemas que chamamos de "ambientais" serão os piores que o homem terá de enfrentar.

Setembro 11

Nenhum prazer pode ser comparado ao obtido pela prática espiritual. Este é o maior de todos, é supremo por natureza. Diferentes religiões têm mostrado seu próprio caminho para chegar a ele.

Setembro 12

Um verdadeiro "tibetanismo" nasceu da difícil transição da qual fomos testemunhas na longa história do Tibet. Séculos e séculos de raízes firmes no mesmo lugar podem fazer as pessoas esquecerem esse sentimento. Os laços com a terra pareciam seguros, intocáveis. Então, algo inesperado aconteceu que nos fez questionar todos esses laços. Descobrimos a existência de uma cínica brutalidade, do uso esmagador da força, de nossa própria fraqueza. Finalmente, partimos, nunca mais vimos nosso país, a não ser de longe. Foi devastado, ocupado e ainda assim percebemos que não desapareceu, que subsiste em nós, que ainda nos sentimos tibetanos. E então começamos a pensar: o que significa hoje ser tibetano?

Setembro 13

Sempre que o budismo se estabelece em uma nova terra, verifica-se uma certa variação no estilo em que é seguido. O próprio Buda ensinou de maneiras diferentes de acordo com o lugar, a ocasião e a situação daqueles que o escutavam.

Setembro 14

Assim como a ferrugem, que surge do próprio ferro e o destrói, um ato impensado, sem reflexão, também nos destrói ao lançar-nos em um estado negativo de existência.

Setembro 15

Se nos deixamos levar pela compaixão e pelo amor, podemos ver com clareza que o desejo dos demais seres humanos – por paz e felicidade, evitando o sofrimento – é exatamente igual ao nosso. Em vista disso, o crescimento da compaixão nos ajudará a reduzir as possibilidades de guerra, nos auxiliará a compartilhar de forma mais justa os recursos naturais do mundo e nos ensinará a cuidar do meio ambiente. Por isso, também clamo pela manutenção universal dos direitos humanos baseados na compaixão.

Setembro 16

Essas não são idéias ocidentais, como sugeriram certos governantes totalitários e militares asiáticos para justificar seu desrespeito aos direitos humanos e sua recusa de tratamento legal justo a seus governados. São simples verdades universais. Todos somos especialmente responsáveis por ajudar a criar um mundo melhor, pois o progresso material por si só é insuficiente para garantir uma sociedade humana mais feliz. Ninguém sai perdendo e todos ganham ao partilharem uma noção universal de responsabilidade para com este planeta e todos os seres que o habitam.

Setembro 17

Assim como, neste mundo, uma determinada doença é tratada por diferentes técnicas médicas, há muitas religiões para trazer felicidade aos seres humanos e aos outros seres do planeta. Diferentes doutrinas foram introduzidas por diferentes expoentes em diferentes períodos e de modos diferentes. Mas acredito que todas visem fundamentalmente ao mesmo nobre objetivo, ao ensinarem preceitos morais para orientar as funções da mente, do corpo e da fala. Todas nos ensinam a não mentir, a não prestar falso testemunho, a não roubar, a não tirar a vida de outros, e assim por diante. Por essa razão, seria melhor se houvesse união entre os seguidores das diversas religiões.

Setembro 18

A unidade entre as religiões não é uma idéia impossível. É possível, e nas atuais condições mundiais é especialmente importante. O respeito mútuo traria benefícios para todos os crentes.

Setembro 19

A felicidade é uma prerrogativa do homem. Ele a busca e todos têm o mesmo direito de querer conquistá-la. Ninguém procura a infelicidade. A justiça e a igualdade são também direitos do homem. A prática desses princípios deve decorrer do altruísmo, sem qualquer influência nociva dos meandros do poder e da riqueza. Para desenvolver esse princípio altruísta, de forma a permitir que justiça e paz coexistam, é preciso, antes de tudo, criar para a sociedade um sustentáculo moral inabalável.

Setembro 20

Uma das razões pelas quais se busca a religião é a constatação de que o puro progresso material não proporciona prazer ou satisfação duradouros. Na verdade, quanto mais progredimos materialmente, mais somos obrigados a conviver com um medo constante.

Setembro 21

A mente ocidental funciona ativamente, mas sempre voltada para a eficiência. Dessa maneira, a mente está sempre a serviço do resultado. Como todos os que servem, renuncia à sua independência. Quero falar de outra forma de vida espiritual, mais independente e profunda, livre da obsessão do objetivo a ser atingido. De certa forma, a invasão universal da tecnologia, aonde quer que chegue, reduz a vida da mente.

Setembro 22

Se você é o tipo de pessoa que sempre é amável com os outros mas fala mal deles pelas costas, é claro que ninguém vai gostar de você.

Setembro 23

A crença no renascimento deve gerar um amor universal, pois todos os seres vivos e criaturas, no curso de suas inúmeras vidas, foram nossos queridos pais, filhos, irmãos, irmãs, amigos. E as virtudes que a nossa crença estimula são aquelas que se originam desse amor universal – tolerância, paciência, caridade, bondade e compaixão.

Setembro 24

O humanitarismo e o verdadeiro amor por todos os seres só podem provir da interiorização do conteúdo da religião. Qualquer que seja o nome que se dê à religião, sua compreensão e prática são a essência de uma mente pacífica e, portanto, de um mundo pacífico. Não havendo paz na mente, não poderá haver paz no contato com outras pessoas e, conseqüentemente, não haverá relações pacíficas entre os indivíduos ou entre as nações.

Setembro 25

Não há como escapar da morte. Seria o mesmo que tentar fugir quando se está cercado por quatro grandes montanhas que tocam o céu. Não há como escapar dessas quatro montanhas, que se chamam nascimento, velhice, doença e morte.

Setembro 26

Certas pessoas doces e atraentes, fortes e saudáveis, morrem muito jovens. São mestras do disfarce ensinando-nos sobre a impermanência.

Setembro 27

Não consideramos que uma pessoa é uma autoridade simplesmente por sua fama, posição, poder, boa aparência, riqueza ou algo semelhante, mas porque achamos convincente e confiável o que ela diz a respeito de determinada área ou especialidade. Em suma, não consideramos que alguém seja uma autoridade em determinado assunto só porque a respeitamos ou admiramos como pessoa. Da mesma forma, quando vemos o Buda como uma autoridade, um mestre confiável, nós o fazemos por ter estudado e analisado seu principal ensinamento – as Quatro Nobres Verdades.

Setembro 28

Quando nos deparamos com algum problema ou quando alguém está prestes a nos prejudicar, a raiva surge em nós de imediato. Surge como um ajudante, como um assistente, porque nos torna audaciosos e corajosos, permitindo-nos revidar e devolver os golpes. Quando vem o apego, a fixação por alguma coisa, é como se fosse nosso melhor amigo, o mais próximo. Portanto, esses sentimentos são parte de nossa mente, uma parte inata, e normalmente os aceitamos como sendo naturais e não nos preocupamos muito com eles quando brotam dentro de nós. Porém, como surgem como amigos ou ajudantes, podem realmente nos enganar às vezes.

Setembro 29

Creio que fazer um discurso baseado em textos religiosos é uma boa maneira de mostrar que a religião tem muito a nos dizer, seja qual for a situação em que nos encontremos. Entretanto, hoje sei fazer isso melhor do que no início. Naquela época, não me sentia confiante, uma sensação que se foi dissipando a cada vez que eu falava em público. Também descobri o que todo professor descobre: não há nada melhor do que ensinar para se aprender mais.

Setembro 30

Nossa experiência é baseada nos cinco elementos internos e nos cinco elementos externos. A partir do momento em que o processo de meditação se torna profundo o suficiente para controlar os cinco elementos internos, existe então a possibilidade de também se controlarem os cinco elementos externos. Embora o espaço pareça vazio, quando se desenvolvem as energias é possível controlá-lo. E torna-se possível olhar direto através de coisas sólidas ou andar no espaço vazio como se fosse sólido.

OUTUBRO

Outubro 1

Quando você se abrir espiritualmente, faça-o somente para alguém em quem confie do fundo do seu coração, alguém bem próximo de você. Esse tipo de abertura é um passo importante para a superação dos problemas espirituais.

Outubro 2

Uma área do budismo tibetano que pode interessar aos cientistas é a da relação entre os elementos físicos e os nervos, em especial a relação entre os elementos do cérebro e a consciência. Abrange as mudanças de consciência, os estados de felicidade ou infelicidade da mente, o efeito que produzem nos elementos internos do cérebro e suas conseqüências no funcionamento do corpo. Certas doenças físicas, por exemplo, melhoram ou pioram de acordo com o estado mental.

Outubro 3

Todos os rios e correntes de água de diferentes terras e regiões têm o oceano como ponto de encontro final. Da mesma forma, os diversos pontos de vista da sociedade, as várias teorias econômicas e os meios para implementá-las de alguma maneira beneficiam a humanidade. Não há motivo para dissensões e discussões sobre teorias conflitantes. Até agora, todas as tentativas para convencer homens de gostos e temperamentos diferentes a adotarem uma ideologia e um estilo de comportamento comuns ainda não produziram qualquer resultado positivo. Isso pode ser claramente comprovado quando se observa a história contemporânea do Oriente e do Ocidente.

Outubro 4

O homem e a sociedade são interdependentes, portanto, a qualidade do comportamento do homem, seja como indivíduo ou como membro da sociedade, tem de ser sempre a mesma. No passado tentou-se diminuir o mal-estar social, o declínio moral e social, as deformações de comportamento de nosso mundo social, para construir uma sociedade mais justa e equilibrada. Foram criadas instituições e organizações com seus programas de nobre ideologia para combater esses problemas. Todos os propósitos e intenções eram louváveis, mas é lamentável que as boas idéias e os bons objetivos tenham sido derrotados pelos interesses egoístas inerentes aos homens.

Outubro 5

Um conselho do Buda: "*Bhikshus* e homens sábios, assim como o ourives examina seu ouro queimando-o, cortando-o e polindo-o, deveis examinar minhas palavras e aceitá-las não apenas por respeito a mim."

Outubro 6

Os pais sensatos, sem qualquer raiva, podem algumas vezes repreender ou mesmo punir seus filhos. Isso é admissível. Mas, se a pessoa fica realmente muito zangada e surra a criança, sentirá arrependimento no futuro. Entretanto, com a boa motivação de promover o bem-estar da criança, é possível expressar-se de maneira apropriada ao que a criança necessita naquele momento.

Outubro 7

A ignorância, a arrogância e a obstinação de certos personagens históricos, tenham sido suas intenções boas ou más, são a origem de todas as tragédias da História. A simples menção dos nomes desses tiranos cruéis inspira medo e repulsa. Da mesma maneira, a medida da estima das pessoas por nós depende naturalmente de quanto pensamos no bem dos outros.

Outubro 8

As bênçãos, por si só, não são o bastante. Devem vir de dentro. Sem nosso empenho, é impossível recebê-las.

Outubro 9

Pela prática verdadeira em sua vida diária, o homem cumpre de fato a meta de toda religião, qualquer que seja ela ou qualquer que seja o seu nome.

Outubro 10

Se você aprofunda sua prática espiritual dando ênfase à sabedoria e à compaixão, torna-se cada vez mais suscetível ao sofrimento de seus semelhantes e desenvolve a capacidade de reconhecer o sofrimento alheio, de reagir a esse sofrimento e de sentir uma profunda compaixão em vez de apatia ou impotência.

Outubro 11

Estamos todos aqui neste planeta, por assim dizer, como turistas. Nenhum de nós pode morar aqui para sempre. O maior tempo que podemos ficar são aproximadamente cem anos. Sendo assim, enquanto estamos aqui, deveríamos procurar ter um bom coração e fazer de nossas vidas algo de positivo e útil. Quer vivamos poucos anos ou um século inteiro, seria lamentável e triste passar esse tempo agravando os problemas que afligem as outras pessoas, os animais e o ambiente. O mais importante de tudo é ser uma boa pessoa.

Outubro 12

Nosso estado de espírito desempenha um papel importante não apenas nos acontecimentos do nosso cotidiano, mas na nossa saúde física e espiritual. Se uma pessoa é de temperamento calmo e estável, essas características influenciam a sua opinião e a sua conduta em relação ao seu semelhante. Não tenho a menor dúvida de que, se o ser humano mantiver um estado de espírito pacificador e sereno, os acontecimentos externos só lhe poderão causar aborrecimentos sem importância.

Outubro 13

Como temos naturalmente a compaixão em nós e é necessário que esse sentimento se manifeste, devemos despertá-la. A violência contra uma pessoa inocente, por exemplo, pode nos indignar, escandalizar e, assim, ajudar-nos a descobrir a nossa compaixão. Até a exibição constante de violência pela televisão pode servir para manter-nos em estado de alerta. Entretanto, é muito perigoso quando a exposição excessiva à violência acaba nos levando à indiferença. Portanto, um dos pontos cruciais de nossos ensinamentos é como chegar ao desprendimento sem cair na indiferença.

Outubro 14

Quando falamos a respeito de violência, precisamos compreender que nos referimos a um fenômeno cujo resultado quase sempre é imprevisível. Mesmo quando a motivação daquele que realiza um ato de violência é pura e positiva, é muito difícil prever as conseqüências da violência quando ela é usada como um meio. Por esse motivo, é sempre melhor evitar uma situação que possa exigir meios violentos. Contudo, tolerância e paciência não implicam submissão ou omissão diante da injustiça.

Outubro 15

Às vezes, passamos uma impressão de dinamismo ao dizermos alguma coisa. Outras vezes, uma impressão igualmente significativa ao permanecermos em silêncio.

Outubro 16

A sociedade industrial moderna às vezes me dá a impressão de ser uma imensa máquina autopropulsionada. Em vez de os seres humanos acionarem a máquina, cada indivíduo torna-se um pequeno componente insignificante sem outra opção a não ser mover-se quando a máquina se move. O que gera essa situação é a retórica contemporânea de crescimento e desenvolvimento econômico, que reforça intensamente a tendência das pessoas para a competitividade e a inveja. E com isso vem a percepção da necessidade de manter as aparências – por si só, uma importante fonte de problemas, tensões e infelicidade.

Outubro 17

A meu ver, criamos uma sociedade em que as pessoas acham cada vez mais difícil demonstrar um mínimo de afeto aos outros. Em vez da noção de comunidade e da sensação de fazer parte de um grupo, uma característica que achamos tão reconfortante nas sociedades menos afluentes, encontramos um alto grau de solidão e perda de laços afetivos. Apesar de milhares de pessoas viverem em grande proximidade, parece que muita gente, principalmente os velhos, não tem com quem falar, a não ser com seus bichos de estimação.

Outubro 18

Uma questão que me é muito cara, relacionada à minha visão do futuro, é a desmilitarização global. Isso pode parecer idealista demais para muita gente. Tenho consciência de que a implementação dessa idéia exige uma abordagem gradativa que implicará repensar a política e reformular a educação. O primeiro passo para a realização desse objetivo é a proibição internacional do comércio de armas e a expansão das zonas desmilitarizadas em todas as partes do globo. Os avanços recentes visando à extinção dos arsenais nucleares e à proibição dos testes nucleares representam um começo estimulante e significativo.

Outubro 19

Somente um sentimento espontâneo de empatia com os outros pode realmente nos inspirar a agir em benefício deles. Mesmo assim, a compaixão não brota mecanicamente. Um sentimento sincero como esse precisa crescer aos poucos, ser cultivado dentro de cada um, fundamentado na convicção de seu valor. Adotar uma atitude geral voltada para a bondade torna-se então uma questão pessoal. O modo como cada um de nós se porta na vida diária é, afinal de contas, o verdadeiro teste de compaixão.

Outubro 20

Sinto que há uma diferença entre os conflitos que sentimos e as emoções que esses conflitos produzem: raiva, hostilidade e outras mais. Se você não é capaz de expressar os conflitos que sente, mais tarde, em algum momento de sua vida, eles serão extravasados sob a forma de hostilidade e raiva. Sendo assim, é importante expressar o próprio sofrimento e não a hostilidade ou a raiva.

Outubro 21

De modo geral, encontrei muitas coisas admiráveis na sociedade ocidental. Em especial, admiro sua energia, sua criatividade e sua fome de conhecimento. Por outro lado, diversas coisas na maneira de viver ocidental me causam preocupação. Uma delas é o fato de as pessoas terem uma tendência para pensar em termos de "tudo ou nada" ou "isto ou aquilo", o que significa ignorar a interdependência e a relatividade das coisas. Entre dois pontos de vista, costuma-se não levar em conta as posições intermediárias.

Outubro 22

As lições ensinadas por um professor com uma motivação positiva (*kun long*), cujas palavras correspondem ao seu modo de agir, penetram mais fundo na mente do aluno. Sei disso por experiência própria. Quando menino, era muito preguiçoso. Mas, se percebia afeição e dedicação em meus mestres, suas lições geralmente calavam mais fundo e com muito mais sucesso do que nos dias em que demonstravam aspereza ou insensibilidade.

Outubro 23

O que renasce são nossos hábitos. A iluminação é o fim dos renascimentos e consiste em total não-apego ou não-identificação com todos os pensamentos, sentimentos, percepções, sensações físicas e idéias.

Outubro 24

Falamos de três tipos de fé. O primeiro é como a admiração que se tem por uma determinada pessoa ou uma determinada condição. O segundo é a aspiração à fé. Uma espécie de emulação: a pessoa aspira a atingir aquela condição. O terceiro é a fé convicta.

Outubro 25

Como um aprendiz espiritual, você deve estar preparado para suportar as provações que fazem parte da genuína busca espiritual; e deve também estar determinado a não esmorecer, a manter firmes seu esforço e sua vontade. Precisa estar preparado para os múltiplos obstáculos que forçosamente encontrará no caminho e compreender que o segredo da boa prática é jamais abandonar sua determinação. Essa abordagem resoluta é muito importante. A história da vida pessoal do Buda é a de alguém que atingiu a iluminação plena por meio de trabalho árduo e dedicação inabalável.

Outubro 26

Se as pessoas em todos os lugares não tiverem condições de buscar a felicidade que instintivamente desejam, sua insatisfação criará problemas para as demais. A menos que seja possível estabelecer um clima de verdadeira cooperação – cooperação esta que não pode ser obtida através de ameaças ou força, mas de uma compreensão sincera –, a vida na Terra tornar-se-á cada vez mais difícil. A paz virá se conseguirmos satisfazer o coração das pessoas. Sem a noção de coexistência, se modelos políticos, sociais e culturais indesejáveis continuarem a ser impostos às pessoas, será muito difícil ter paz.

Outubro 27

Roubar é prejudicar o patrimônio e o bem-estar dos outros, é perturbar sua paz e sua felicidade. Quando se constrói uma casa, costuma-se pôr grades de ferro e telas nas janelas para proteger contra os ladrões o que está lá dentro. Já notaram como basta olhar aquelas grades e proteções para sentirmos um desconforto que tira um pouco da nossa paz e da nossa felicidade?

Outubro 28

Descobri que o mais alto grau de paz interior decorre da prática do amor e da compaixão. Quanto mais nos importamos com a felicidade de nossos semelhantes, maior o nosso próprio bem-estar. Ao cultivarmos um sentimento profundo e carinhoso pelos outros, passamos automaticamente para um estado de serenidade. Essa é a principal fonte da felicidade.

Outubro 29

Creio que, para enfrentar o desafio deste século, todos os homens terão de desenvolver uma noção mais ampla de responsabilidade universal. Cada um de nós precisa aprender a trabalhar não apenas para si próprio, para sua família ou para sua nação, mas para o benefício de toda a humanidade. Já se foi o tempo em que podíamos pensar em termos de "minha nação" ou "meu país". A responsabilidade universal é a verdadeira resposta para a questão da sobrevivência humana. Grandes movimentos de cunho humanístico costumam nascer de iniciativas individuais. Portanto, é o trabalho do indivíduo para o bem-estar comum que faz a diferença.

Outubro 30

Se uma pessoa sensata costuma refletir profundamente, é inevitável que respeite a justiça. A valorização e o respeito pela justiça são inatos em todas as pessoas. Nas crianças, encontramos o que é natural ao caráter do homem. À medida que crescem, porém, desenvolvem uma porção de atitudes e condicionamentos errados. Sinto muitas vezes que há mais veracidade e honestidade nas crianças pequenas do que nos adultos, e, no contato com elas, encontro muitas razões para confiar na coragem do ser humano e na natureza humana de modo geral.

Outubro 31

Faça o melhor que puder e faça-o de acordo com seu padrão interior próprio (ou consciência, se assim preferir), não para o conhecimento e avaliação de seus atos pela sociedade. "Fazer o melhor" é apenas uma frase de poucas palavras, mas significa que, em todas as ocasiões de nossa vida diária, precisamos manter nossa mente sob controle para mais tarde não nos arrependermos de nossos erros, mesmo que os outros nada saibam a respeito. Agindo assim, estaremos fazendo o melhor.

NOVEMBRO

Novembro 1

Se o seu coração é aberto e sincero, você naturalmente se sente satisfeito e confiante e não tem nenhuma razão para sentir medo dos outros.

Novembro 2

Quando morremos, nada pode ser levado conosco, com a exceção das sementes lançadas por nosso trabalho e de nosso conhecimento espiritual.

Novembro 3

Sinto-me sempre muito alegre! Penso que isso seja o resultado de minhas práticas e de meu treinamento. Em minha vida, perdi meu país e me vi obrigado a depender totalmente da boa vontade dos outros. Também perdi minha mãe, e a maioria de meus mestres e gurus já faleceram, embora eu hoje tenha alguns novos gurus. É claro que são incidentes trágicos e sinto tristeza quando penso neles. No entanto, não me sinto acabrunhado pela tristeza. Velhos rostos familiares desaparecem, novos rostos surgem em minha vida e ainda mantenho minha felicidade e paz de espírito.

Novembro 4

A prática da moralidade, que significa resguardar as três portas do corpo, a fala e a mente de atividades perniciosas, proporciona diligência e consciência à pessoa. Conseqüentemente, a moralidade é o fundamento do caminho budista.

Novembro 5

A opressão nunca, em nenhum lugar, conseguiu suprimir nas pessoas o eterno desejo de viverem em liberdade – liberdade para pensarem seus próprios pensamentos, para agirem como acham que é melhor para o bem-estar comum e para viverem como seres humanos, não como robôs ou escravos. Mesmo que os chineses deixem apenas cinzas em nossa terra sagrada, o Tibet renascerá dessas cinzas como um país livre, ainda que isso possa demorar. Nenhum poder imperialista jamais manteve outro povo sob domínio colonial por muito tempo.

Novembro 6

Nada é mais importante do que preservar a mente. Temos de nos manter constantemente atentos ao elefante selvagem que é a mente, contendo-o com cuidados e vigilância. É dessa maneira que se evita a influência das diferentes circunstâncias externas sobre ela. Entretanto, mesmo estando recolhida em local protegido, se não mantivermos a mente sob controle, ela poderá vaguear por toda parte. Mesmo quando completamente sós, estamos sujeitos a uma enorme quantidade de emoções negativas.

Novembro 7

Passamos e ainda estamos passando por um sofrimento infinito sem obter nenhum benefício disso. Agora, que prometemos ser bondosos, devemos procurar não nos zangar quando os outros nos insultarem. Ser paciente não é fácil. Requer uma enorme concentração. Mas o resultado a que chegaremos por ter suportado essas dificuldades será sublime – um motivo para nos sentirmos felizes!

Novembro 8

Seja qual for o credo, a cor, a ideologia, o bloco político (oriental ou ocidental), a região econômica (norte ou sul), a verdade é que o aspecto básico e mais importante de todas as pessoas é sua humanidade compartilhada – o fato de toda pessoa, seja ela velha, moça, rica, pobre, instruída, ignorante, homem ou mulher, pertencer à raça humana. Essa humanidade em comum, a aspiração comum de alcançar a felicidade e evitar o sofrimento e, em acréscimo, o direito elementar de conquistar essas coisas, é o que é de fato primordial.

Novembro 9

Será que a mente é capaz de enxergar a própria mente? A resposta é sim e não. Não, porque a mente não pode ser sujeito e objeto ao mesmo tempo. A mente interfere, quer queira quer não, sabendo ou não sabendo, em tudo o que observa. Mais ainda quando se trata de si mesma. Porém a mente não pode ver a si mesma inteiramente. E a principal ferramenta de purificação da mente é a própria mente. A mente é sua própria criadora, a cada instante. Daí a sua responsabilidade, que é fundamental.

Novembro 10

O desejo de uma vida eterna existe porque prezamos a nós mesmos e ocorre-nos quando nossa vida é feliz. Ao contrário, quem tem uma vida desgraçada pensa em abreviá-la, não quer que seja eterna.

Novembro 11

É altamente improvável que consigamos realmente assumir os sofrimentos dos outros e dar a eles a nossa felicidade. Quando ocorre tal transferência entre seres vivos, é o resultado de uma forte ligação cármica do passado que ainda não foi rompida.

Novembro 12

As incontáveis estrelas e constelações que vemos hoje foram descobertas aos poucos. O interessante é que, quanto mais poderosos são os nossos telescópios, mais e mais encontramos estrelas e vidas. Quanto maior o nosso poder de ver as coisas, mais coisas há para ver.

Novembro 13

A pessoa que sabe muito mas não pratica o que sabe é como o pastor que não possui gado mas toma conta de um rebanho de carneiros ou bois. Estudar, refletir e meditar sobre a natureza da realidade é muito importante para o progresso de quem pratica a espiritualidade.

Novembro 14

Não se deve permitir que a fala e as atividades corporais que acompanham o processo mental se manifestem de modo precipitado, irrefreado e impetuoso. Da mesma forma que um treinador acalma e amansa um cavalo selvagem e obstinado submetendo-o a um treinamento hábil e prolongado, assim também as turbulentas, inquietas e imprevisíveis atividades do corpo e da fala têm de ser disciplinadas para que se tornem dóceis, corretas e eficazes. Os ensinamentos do Buda para a disciplina da mente compreendem três categorias: Shila (Treinamento para Conduta Superior), Samadhi (Treinamento para Meditação Superior) e Prajna (Treinamento para Sabedoria Superior).

Novembro 15

O excesso de auto-indulgência torna a pessoa muito ansiosa e irritável. Acha que é muito importante; seu principal desejo é ser feliz e ver tudo correndo bem em sua vida. Mas não sabe como fazer isso acontecer. Na realidade, agir com excesso de auto-indulgência não faz ninguém feliz.

Novembro 16

Uma amizade pode ser construída através de raiva e de brigas, de inveja e competição? Acredito que não. Somente a afeição nos traz grandes amigos.

Novembro 17

Quando somos pacientes, coisas que normalmente consideraríamos muito dolorosas acabam não parecendo tão ruins. Ao contrário, quando não existe a tolerância paciente, até as menores contrariedades parecem insuportáveis. Tudo depende de nossa atitude diante dos fatos.

Novembro 18

Se adotarmos um estilo de vida autocentrado, em que tentamos usar os outros para o nosso próprio interesse, talvez consigamos algum benefício temporário, embora a longo prazo não tenhamos sucesso em atingir nossa felicidade.

Novembro 19

A verdadeira compaixão é uma reação motivada principalmente pela emoção e também um compromisso definitivo apoiado na razão. Assim, uma conduta verdadeiramente misericordiosa para com os outros não se altera nem mesmo quando os outros se comportam mal.

Novembro 20

É praticando a compaixão sem limites que uma pessoa desenvolve o sentimento de responsabilidade pelos semelhantes, o desejo de ajudá-los a superar de forma eficaz seus sofrimentos.

Novembro 21

Dentro de menos de cinqüenta anos, eu, Tenzin Gyatso, o monge budista, serei apenas uma lembrança. Na verdade, é pouco provável que qualquer uma das pessoas que estejam agora lendo estas palavras possa estar viva daqui a cem anos. O tempo passa inexoravelmente. Quando cometemos erros, não podemos voltar os ponteiros do relógio para tentar outra vez. A única coisa que podemos fazer é usar bem o presente. Então, quando nosso último dia chegar, poderemos olhar para trás e ver que vivemos vidas plenas, produtivas e significativas, o que nos trará algum conforto. Do contrário, a tristeza pode ser muito grande. A escolha entre as duas alternativas cabe somente a nós.

Novembro 22

A melhor maneira de ter certeza de que um dia nos aproximaremos da morte sem remorsos é agindo de modo responsável e manifestando compaixão pelos outros no presente. Como vimos, a compaixão é uma das coisas que mais dão sentido às nossas vidas. É a fonte de toda felicidade e alegria duradouras. É o alicerce de um bom coração, o coração daquele que age motivado pela vontade de ajudar os outros. Por meio da bondade, da afeição, da honestidade, por meio da verdade e da justiça para com todos os outros é que asseguramos nossos próprios benefícios. Essa não é uma questão para ser debatida com teorizações complicadas. É uma questão simples, de bom senso. Por isso, podemos rejeitar tudo: religião, ideologia, toda a sabedoria recebida. Mas não podemos deixar escapar a necessidade de amor e compaixão.

Novembro 23

Se você sente uma profunda e intensa compaixão por alguém, isso indica que já existe uma íntima união de você com a outra pessoa.

Novembro 24

Em primeiro lugar, deveríamos avaliar nossa própria atitude para com os outros e verificar constantemente se estamos agindo bem. Antes de apontar o dedo para os outros, devemos apontá-lo para nós mesmos. Em segundo lugar, devemos estar preparados para reconhecer nossos erros e procurar corrigi-los.

Novembro 25

Buda é o mestre, darma é o refúgio verdadeiro e sanga é o que auxilia a compreensão ou ajuda a estabelecer os objetivos do refúgio.

Novembro 26

A compaixão e o amor superficiais produzem uma sensação de grande proximidade, que no fundo não é mais do que uma fixação. Enquanto a outra pessoa nos parece bela ou boa, o amor persiste; todavia, quando começa a nos parecer menos bonita ou bondosa, o sentimento muda inteiramente. O amigo querido continua sendo a mesma pessoa, mas é visto mais como um oponente ou inimigo. Em vez de amor por aquela pessoa, sentimos hostilidade. Quando existe amor genuíno, a aparência ou o comportamento da outra pessoa não afeta a nossa atitude para com ela. A verdadeira compaixão nasce da percepção do sofrimento alheio. Desperta a nossa noção de responsabilidade e o desejo de fazer alguma coisa pelo outro.

Novembro 27

Se sua raiva não for muito grande, o melhor é não evitar situações ou pessoas que lhe causem aborrecimento e o deixem enfurecido. Caso esse contato e o exercício de disciplina interior não sejam possíveis, empenhe-se sozinho em lidar com sua raiva e desenvolver a compaixão.

Novembro 28

A Bíblia diz que as espadas podem ser transformadas em relhas de arado. É uma linda imagem: uma arma transformada em ferramenta para servir às necessidades humanas fundamentais, representando uma atitude de desarmamento interior e exterior.

Novembro 29

É essencial refletir bem antes de adotar uma tradição religiosa. Tendo optado e assumido o compromisso, a pessoa deve manter-se fiel à religião que escolheu. Não ser como o homem que prova comida em todos os restaurantes e nunca se senta em nenhum para fazer uma refeição completa e sair dali alimentado.

Novembro 30

Pense com cuidado antes de adotar uma prática espiritual; quando o fizer, leve-a a sério. Desse modo, obterá resultados dedicando a ela ao menos um pouco de tempo a cada dia. Ao contrário, se tentar seguir todos os diversos caminhos ao mesmo tempo, não chegará a lugar nenhum.

DEZEMBRO

Dezembro 1

O poder de cura do espírito segue naturalmente o caminho do espírito. Não reside entre as paredes dos prédios luxuosos, nem no ouro que cobre as imagens, nem na seda com que se modelam as roupas, nem mesmo no papel dos documentos sagrados, mas vive na inefável substância da mente e no coração dos homens. Devemos sublimar os instintos de nosso coração e purificar nossos pensamentos.

Dezembro 2

Eu tento tratar qualquer pessoa que conheço como um velho amigo. Isso me traz uma experiência de genuína felicidade. É a prática da compaixão.

Dezembro 3

A raiva e o ódio são os nossos reais inimigos. São as forças que precisamos confrontar e vencer, não os "inimigos" temporários que aparecem intermitentemente em nossas vidas.

Dezembro 4

Abandone a inveja, desapegue-se do desejo de sobrepujar os outros. Em vez disso, tente fazer bem a eles. Com bondade e gentileza, com coragem e confiando que é assim que terá sucesso de fato, receba-os com um sorriso. Seja franco e honesto. E tente ser imparcial. Trate todos como se fossem amigos muito próximos. Não digo isso como Dalai-Lama ou como alguém que tenha poderes ou talentos especiais. Não os tenho. Falo como um ser humano, alguém que, como você, quer ser feliz e não sofrer.

Dezembro 5

Os inimigos externos não são permanentes. Se lhes mostrarmos respeito, eles se tornarão nossos amigos. Mas o inimigo interno é um eterno inimigo a quem nunca devemos ceder. Esse inimigo mora em nossos corações. Não podemos transformar todos os maus pensamentos em nossos amigos, mas precisamos confrontá-los e controlá-los.

Dezembro 6

Olhe para a pessoa que lhe causa aborrecimento e tire proveito da oportunidade para controlar a própria ira e desenvolver a compaixão. Entretanto, se o aborrecimento for muito grande ou se você achar a pessoa tão desagradável que seja impossível agüentá-la, talvez seja melhor sair correndo!

Dezembro 7

Às vezes, aquele amigo querido, embora continue sendo a mesma pessoa, parece mais um inimigo. Em vez de amor, você sente hostilidade. Com amor e compaixão verdadeiros, porém, a aparência ou o comportamento do outro nunca lhe provocarão qualquer reação negativa.

Dezembro 8

Parece que, quando os homens ficam desesperados, consultam os deuses. E, quando os deuses ficam desesperados, contam mentiras!

Dezembro 9

Normalmente, recomendo aos praticantes do budismo que não considerem divinos e nobres todos os atos de seu mestre espiritual. Há qualidades específicas, exigindo grande esforço e habilidade para serem adquiridas, que são indispensáveis a um mentor espiritual. Não se diz simplesmente: "Esse comportamento está certo porque ele é o guru." Isso nunca se faz. Deve-se reconhecer o que é nocivo como sendo nocivo, de modo que se conclua ser preciso fazer uma crítica.

Dezembro 10

Quando sentimos uma compaixão muito profunda, isso já supõe uma íntima ligação com a outra pessoa. Nossas escrituras dizem que devemos cultivar um amor pelos outros igual ao de uma mãe por seu filho único. Isso significa intimidade. A noção budista de apego não é igual à do Ocidente: dizemos que o amor de uma mãe por seu filho é desapegado.

Dezembro 11

As pessoas devem viver em sociedade e praticar suas profissões habituais. Ao mesmo tempo que contribuem para a sociedade, devem cultivar a análise e a prática espiritual em seu íntimo. Na vida diária, devem ir para o local de trabalho, desempenhar sua função e voltar para casa. Vale a pena sacrificar alguma distração à noite, dormir cedo e acordar cedo na manhã seguinte para praticar a meditação analítica.

Dezembro 12

Para ajudar os outros da maneira mais eficaz possível, temos de ser Budas plenamente iluminados. Para ajudar os outros de formas mais amplas e abrangentes, precisamos ter atingido um dos níveis de um bodisatva, ou seja, ter tido a experiência direta e não conceitual de uma realidade do vazio, além de ter adquirido poderes de percepção extra-sensorial. Apesar disso, há muitos graus de ajuda que podemos oferecer aos outros.

Dezembro 13

Por um lado, podemos dizer que temos corpos humanos e estamos praticando os ensinamentos do Buda e que, portanto, somos melhores que os insetos. No entanto, por outro lado, podemos dizer que os insetos são muito inocentes e sem malícia, enquanto que nós costumamos mentir e enganar, usando de astúcia para atingir nossos objetivos ou subir de posição. Sob essa perspectiva, somos piores que os insetos, que seguem seu caminho sem fingir que são coisa alguma.

Dezembro 14

A meta do budismo é atingir um estado livre de todas as obstruções ao conhecimento e das emoções perturbadoras. É o estado no qual a mente está plenamente evoluída.

Dezembro 15

O princípio que caracteriza uma escola como sendo budista é o da aceitação dos quatro dogmas, conhecidos como as Quatro Verdades. São elas: todos os eventos que se compõem de diversas partes são transitórios; todas as coisas e fatos impuros não são satisfatórios; todas as experiências são vazias e isentas de egoísmo; e o nirvana é a verdadeira paz.

Dezembro 16

Três qualidades capacitam as pessoas a compreender os ensinamentos: a objetividade, ou seja, ter a mente aberta; a inteligência, que é a faculdade crítica que permite discernir os verdadeiros significados ao examinar os ensinamentos do Buda; e interesse e empenho, ou seja, entusiasmo.

Dezembro 17

O mestre é sempre responsável pelo seu próprio mau comportamento. É da responsabilidade do aluno não se deixar atrair por tais atitudes. Quando isso acontece, a culpa é de ambos: do aluno, por ser excessivamente obediente e devotado ao professor; e do mestre, porque lhe falta a necessária integridade para ficar imune àquele tipo de vulnerabilidade.

Dezembro 18

Se você conta com alguém que tem menos qualidades que você, isso levará à sua degeneração. Se você conta com alguém com qualidades iguais às suas, você permanece onde está. Somente quando conta com alguém cujas qualidades são superiores às suas é que você atinge uma condição sublime.

Dezembro 19

Na maioria dos casos, a afirmação do ego só leva ao desapontamento, ou ainda ao conflito com outros egos tão exclusivos quanto o meu – especialmente quando o forte desenvolvimento do ego favorece os caprichos e exigências. A ilusão do eu permanente esconde um perigo a que todos nós sucumbimos: quero isto, quero aquilo. Como sabemos bem, às vezes se matam os outros por esse motivo. O excesso de egoísmo leva a incontroláveis perversões, que sempre acabam mal. De um outro prisma, porém, um ego firme, seguro de si, pode ser um elemento muito positivo. É preciso ter confiança verdadeira em si mesmo.

Dezembro 20

Se eu morrer no exílio e o povo tibetano desejar continuar a instituição do Dalai-Lama, minha reencarnação não nascerá sob o domínio da China.

Dezembro 21

Quando o amor não é mais do que uma fixação, a menor mudança no objeto do amor, como uma leve alteração de comportamento, imediatamente altera o sentimento daquele que ama. Isso se deve ao fato de a emoção estar baseada em algo muito superficial. É o que acontece, por exemplo, em um casamento recente. Freqüentemente, bastam poucas semanas ou meses para que o casal se transforme em uma dupla de inimigos e se divorcie. Casam-se profundamente apaixonados – ninguém se casa odiando o outro – e em pouco tempo o sentimento acaba. Qual seria o motivo?

Dezembro 22

Alguns psicólogos dizem que não devemos reprimir nossa raiva, e sim dar vazão a ela – ou seja, que devemos praticar a raiva! Quanto a isso, é preciso saber distinguir os problemas mentais que devem e os que não devem ser expressados. Em certos casos, a pessoa pode ter sido vítima de séria injustiça e será bom para ela extravasar seu rancor em vez de deixar que a envenene por dentro. Mas não deve expressá-lo com raiva.

Dezembro 23

Uno minhas mãos e apelo a você, leitor, para que torne o resto de sua vida tão significativo quanto possível. Faça isso através da prática espiritual, se puder. Como espero ter deixado claro, não há nada de misterioso nisso. Consiste apenas em agir levando os outros em consideração. E, se você o fizer com sinceridade e persistência, pouco a pouco, passo a passo, será capaz de reordenar seus hábitos e atitudes e pensar menos em seu pequeno mundo de interesses e mais nos interesses de todas as outras pessoas. E encontrará paz e felicidade para si mesmo.

Dezembro 24

Esse tipo de treinamento religioso, a meu ver, traz à mente uma forma incomum de serenidade de espírito. O teste prático se dá quando surgem ocasiões de pesar ou o sofrimento. A pessoa cuja mente esteja formada pelo estudo e prática da religião irá encarar essas circunstâncias com paciência e tolerância. A pessoa que não segue o caminho religioso poderá se abater com o impacto daquilo que considera uma desgraça e será capaz de sentir-se frustrada consigo mesma ou assumir atitudes que trarão infelicidade a outros.

Dezembro 25

As criaturas que habitam esta Terra em que vivemos, sejam elas seres humanos ou animais, estão aqui para contribuir, cada uma com sua maneira peculiar, para a beleza e prosperidade do mundo.

Dezembro 26

Muita gente se esforçou isoladamente ou em conjunto para tornar nossas vidas confortáveis. A comida que comemos e as roupas que vestimos não caíram do céu para nós. Muitos trabalharam duro para produzi-las. É por isso que devemos ser gratos a nossos semelhantes. A compaixão e a bondade são os fundamentos da felicidade e das grandes realizações.

Dezembro 27

Quem excluir os outros será por sua vez excluído no final. Os que afirmam que seu Deus é o único Deus estão agindo de maneira perigosa e perniciosa, porque acabarão tentando impor sua crença aos outros de todas as maneiras possíveis.

Dezembro 28

A fé dissipa a dúvida e a hesitação, liberta-nos do sofrimento e nos conduz à terra da paz e da felicidade.

Dezembro 29

Minha esperança é de que você, leitor, ao se sensibilizar com o que está escrito aqui, irá procurar ser compassivo em seu dia-a-dia e, movido pela noção de responsabilidade pelos outros, fará o possível para ajudá-los. Mesmo com pequenos gestos. De acordo com seus próprios recursos e reconhecendo as limitações de suas circunstâncias, você fará o que puder. E, se em alguns dias suas ações forem mais compassivas do que em outros, aceite esse fato como normal.

Dezembro 30

Dos aproximadamente seis bilhões de seres humanos que existem, a geração mais velha, em que me incluo, está se preparando para se despedir deste mundo. Os jovens são responsáveis pelo futuro. Sendo assim, jovens, por favor, assumam sua responsabilidade, lembrem-se de seu potencial e tenham confiança em si mesmos. Mantenham a mente aberta, assim como a capacidade de se preocupar com a humanidade e a consciência de fazer parte dela. O frescor e a força da juventude não podem esmorecer. É preciso que vocês conservem todo o seu entusiasmo.

Dezembro 31

Tal como a Terra, que eu possa servir de apoio a seres tão numerosos quanto o céu é vasto. E, se eles não tiverem ainda atingido o estágio da iluminação, que eu possa dedicar-me inteiramente à sua felicidade.

CONHEÇA OUTROS TÍTULOS DO DALAI-LAMA

O caminho da tranqüilidade

Esse livro é uma seleção de pensamentos e escritos já publicados por Sua Santidade, o Dalai-Lama. Seu objetivo ao reunir essas frases foi ajudar os leitores a encontrar inspiração para desenvolver a paz de espírito que é a chave da felicidade duradoura.

Uma ética para o novo milênio

Com um texto sensível e profundamente crítico, o Dalai-Lama defende nesse livro que precisamos iniciar uma revolução – não uma revolução política, econômica ou tecnológica, e sim espiritual. Só assim poderemos resgatar a ética, a verdade, a bondade e a paz interior.

Palavras de sabedoria

Esse pequeno livro contém ensinamentos essenciais sobre o budismo, associando a sabedoria antiga à compreensão dos problemas da vida moderna. Ele nos estimula a refletir sobre a importância do amor, da compaixão e da necessidade de responsabilidade individual.

INFORMAÇÕES SOBRE OS
PRÓXIMOS LANÇAMENTOS

Para receber informações sobre os lançamentos da EDITORA SEXTANTE, basta cadastrar-se diretamente no site www.sextante.com.br

Para saber mais sobre nossos títulos e autores, e enviar seus comentários sobre este livro, visite o nosso site www.sextante.com.br ou mande um e-mail para atendimento@esextante.com.br

EDITORA SEXTANTE
Rua Voluntários da Pátria, 45 / 1.404 – Botafogo
Rio de Janeiro – RJ – 22270-000 – Brasil
Telefone (21) 2286-9944 – Fax (21) 2286-9244
E-mail: atendimento@esextante.com.br